中华精神家园

文化标记

百年老号

百年企业与文化传统

肖东发 主编　周红英 编著

中国出版集团

现代出版社

图书在版编目（CIP）数据

百年老号 / 周红英编著. — 北京：现代出版社，
2014.11（2019.1重印）
（中华精神家园书系）
ISBN 978-7-5143-3068-7

Ⅰ. ①百… Ⅱ. ①周… Ⅲ. ①老字号－介绍－中国
Ⅳ. ①F279.24

中国版本图书馆CIP数据核字(2014)第244319号

百年老号：百年企业与文化传统

主　　编：	肖东发
作　　者：	周红英
责任编辑：	王敬一
出版发行：	现代出版社
通信地址：	北京市定安门外安华里504号
邮政编码：	100011
电　　话：	010-64267325　64245264（传真）
网　　址：	www.1980xd.com
电子邮箱：	xiandai@cnpitc.com.cn
印　　刷：	固安县云鼎印刷有限公司
开　　本：	710mm×1000mm　1/16
印　　张：	10
版　　次：	2015年4月第1版　2021年3月第4次印刷
书　　号：	ISBN 978-7-5143-3068-7
定　　价：	29.80元

　　党的十八大报告指出："文化是民族的血脉，是人民的精神家园。全面建成小康社会，实现中华民族伟大复兴，必须推动社会主义文化大发展大繁荣，兴起社会主义文化建设新高潮，提高国家文化软实力，发挥文化引领风尚、教育人民、服务社会、推动发展的作用。"

　　我国经过改革开放的历程，推进了民族振兴、国家富强、人民幸福的中国梦，推进了伟大复兴的历史进程。文化是立国之根，实现中国梦也是我国文化实现伟大复兴的过程，并最终体现为文化的发展繁荣。习近平指出，博大精深的中国优秀传统文化是我们在世界文化激荡中站稳脚跟的根基。中华文化源远流长，积淀着中华民族最深层的精神追求，代表着中华民族独特的精神标识，为中华民族生生不息、发展壮大提供了丰厚滋养。我们要认识中华文化的独特创造、价值理念、鲜明特色，增强文化自信和价值自信。

　　如今，我们正处在改革开放攻坚和经济发展的转型时期，面对世界各国形形色色的文化现象，面对各种眼花缭乱的现代传媒，我们要坚持文化自信，古为今用、洋为中用、推陈出新，有鉴别地加以对待，有扬弃地予以继承，传承和升华中华优秀传统文化，发展中国特色社会主义文化，增强国家文化软实力。

　　浩浩历史长河，熊熊文明薪火，中华文化源远流长，滚滚黄河、滔滔长江，是最直接的源头，这两大文化浪涛经过千百年冲刷洗礼和不断交流、融合以及沉淀，最终形成了求同存异、兼收并蓄的辉煌灿烂的中华文明，也是世界上唯一绵延不绝而从没中断的古老文化，并始终充满了生机与活力。

　　中华文化曾是东方文化摇篮，也是推动世界文明不断前行的动力之一。早在500年前，中华文化的四大发明催生了欧洲文艺复兴运动和地理大发现。中国四大发明先后传到西方，对于促进西方工业社会的形成和发展，曾起到了重要作用。

中华文化的力量，已经深深熔铸到我们的生命力、创造力和凝聚力中，是我们民族的基因。中华民族的精神，也已深深植根于绵延数千年的优秀文化传统之中，是我们的精神家园。

总之，中华文化博大精深，是中国各族人民五千年来创造、传承下来的物质文明和精神文明的总和，其内容包罗万象，浩若星汉，具有很强的文化纵深，蕴含丰富宝藏。我们要实现中华文化伟大复兴，首先要站在传统文化前沿，薪火相传，一脉相承，弘扬和发展五千年来优秀的、光明的、先进的、科学的、文明的和自豪的文化现象，融合古今中外一切文化精华，构建具有中国特色的现代民族文化，向世界和未来展示中华民族的文化力量、文化价值、文化形态与文化风采。

为此，在有关专家指导下，我们收集整理了大量古今资料和最新研究成果，特别编撰了本套大型书系。主要包括独具特色的语言文字、浩如烟海的文化典籍、名扬世界的科技工艺、异彩纷呈的文学艺术、充满智慧的中国哲学、完备而深刻的伦理道德、古风古韵的建筑遗存、深具内涵的自然名胜、悠久传承的历史文明，还有各具特色又相互交融的地域文化和民族文化等，充分显示了中华民族的厚重文化底蕴和强大民族凝聚力，具有极强的系统性、广博性和规模性。

本套书系的特点是全景展现，纵横捭阖，内容采取讲故事的方式进行叙述，语言通俗，明白晓畅，图文并茂，形象直观，古风古韵，格调高雅，具有很强的可读性、欣赏性、知识性和延伸性，能够让广大读者全面接触和感受中国文化的丰富内涵，增强中华儿女民族自尊心和文化自豪感，并能很好继承和弘扬中国文化，创造未来中国特色的先进民族文化。

2014年4月18日

美食天下——餐饮老号

华服风采——服装老号

杏苑春风——医药老号

百业兴旺——百业老号

餐饮老号

饮食"老字号"是指在长期生产经营中，沿袭和继承了中华民族优秀文化传统，具有鲜明的地域文化特征和历史痕迹、具有独特工艺和经营特色的产品、技艺或服务，取得社会广泛认同，赢得良好商业信誉的企业名称，以及老字号产品品牌。

京城饮食老字号最多，如全聚德、东来顺、西来顺、南来顺、六必居、砂锅居、吴裕泰、稻香村、小肠陈、爆肚冯等。此外，其他地区也有极富特色的饮食老字号，如天津狗不理的包子、山西益源庆老陈醋等。

香溢万家的六必居酱菜

北京"六必居"创业于明嘉靖年间的1530年。原是山西临汾西社村人赵存仁、赵存义、赵存礼兄弟开办的小店铺，专卖柴米油盐。俗话说："开门七件事：柴、米、油、盐、酱、醋、茶。"这7件是人们日常生活必不可少的。赵氏兄弟的小店铺因为不卖茶就起名六必居。

有人说，"六必居"原是以卖酒为主。"六必"作为字号，是由酿酒时六点必备步骤而得来，即"黍稻必齐、曲蘖必实、湛之必洁、陶瓷必良、火候必得、水泉必香。"这"六必"是为了保证酒的质量，以示佳酿之意。

由于赵氏兄弟善于经营，加之六必居开业时所选择地理位置好所以买卖一直很兴隆。后来又扩充

■酱菜

六必居酱菜

门面，由开始时两间小店堂扩充为4间门面，且后边还增设了加工的作坊，使生意越做越大。

酒好自然能招揽顾客。当时大学士、宰相严嵩下朝后也常来喝酒。店主很想请他给店铺题字，因不敢直接求他，便托严嵩的夫人代为请求。严嵩夫人也不敢让权倾当朝的一品大员屈身为小酒店题字，于是聪明的丫环帮忙想出了一条妙计，让夫人练毛笔字。

一天，严嵩下朝归来，没见夫人出来迎接感到奇怪。当他走进内宅一看，原来夫人正在练毛笔字，其中含有"六必居"3个字，但是字写得很难看。于是严嵩就提笔写下了"六必居"3个字让夫人临摹。

其后夫人将这3个字送给了店主，店主将这3个字做了招牌挂了起来，大肆宣传，果然买卖更加兴隆。

六必居当时除了经营酒业外，还请了名师制作酱菜，以后酱菜生意发展越来越旺，便以经营酱菜为主了。

到了清代嘉庆年间，六必居就以出售豉油而闻名京师，其后逐渐发展成为前店后厂式制售酱菜的酱园，《都门纪略》《朝市丛载》等都把它列为制售八宝菜、包瓜等酱腌菜的名家。有一首赞六必居的《竹枝词》写道：

■ 酱菜

百年企业与文化传统

桂花 又名木犀、岩桂，花冠合瓣四裂，形小，其品种有金桂、银桂、丹桂、月桂等。桂花是我国传统十大花卉之一，清可绝尘，浓能远溢，堪称一绝。尤其是仲秋时节，丛桂怒放，夜静月圆之际，把酒赏桂，纯香扑鼻，令人神清气爽，自古以来就深受国人的喜爱。

黑菜包瓜名不衰，七珍八宝样多余。

都人争说前门外，四百年来六必居。

六必居发展几百年来，成为北京酱园中历史最久、声誉最显著的一家。六必居经久不衰，与其独特生产工艺有极大关系。他们根据季节变化，对不同品种采取不同的工艺，使其每个品种都有独特口味。

六必居的酱渍菜名气较大，独特而完整的工艺确保其口味独特，酱渍菜由于辅料不同，分为酱曲菜、甜酱渍菜、黄酱渍菜、甜酱黄酱渍菜、甜酱酱油渍菜、黄酱酱油渍菜及酱汁渍菜7类。

六必居有12种传统产品是：稀黄酱、铺淋酱油、甜酱萝卜、甜酱黄瓜、甜酱甘螺、甜酱黑菜、甜酱仓瓜、甜酱姜芽、甜酱八宝荣、甜酱什香菜、甜酱瓜、白糖蒜。这些产品色泽鲜亮，酱味浓郁，脆嫩清香，咸甜适度。

北京酱八宝菜是六必居酱腌菜主要品种之一。

因以8种菜果为主要原料而得名。分为高八宝、甜八宝和中八宝。高八宝为甜酱制品，以黄瓜、苤蓝、藕片、豇豆、甘露、银苗为原料，并配以核桃仁、杏仁、花生仁、姜丝等辅料。中八宝为黄酱制品，以苤蓝、黄瓜、藕片、豇豆、甘露、瓜丁、茄宝、姜丝为主，配以少量的花生仁。工艺流程：蔬菜盐渍、咸胚加工、配料脱盐、上榨脱水、装布袋、酱渍打耙成品。

糖蒜是六必居腌菜中的名品。他们专选大六瓣紫皮蒜，经过剥、泡、晒、熬汤、装坛等多道工序。制出的白糖蒜光泽脆嫩，味甜而稍具蒜的辣味，因兼有桂花香味，又称"桂花糖蒜"。

六必居的酱菜之所以出名，与它选料精细、制作严格分不开。六必居酱菜的原料，都有固定的产地。六必居自制黄酱和甜白酱，其黄豆选自河北丰润县马驹桥和通州永乐店，这两个地方的黄豆饱满、色黄、油性大。白面选自京西涞水县，为一等小麦，这种小麦黏性大，六必居自行加工成细白面，这种白面适宜制甜面酱。

六必居制作酱菜有一套严格操作规程，一切规程由掌作一人总负责。比如酱制作，先把豆子泡透、蒸了拌上白面，在碾子上压，再放到模子里，垫上布用脚踩10天到15天，然后拉成3条，剁成块，放到架子上码好，用席子封严，让其发酵。

■酱菜

在发酵后期，还要不断用刷子刷去酱料上的白毛。经过11天，酱料才能发好。正是这种严格的操作规程，保证了六必居酱菜的质量。

六必居酱菜，酱制严格遵守规程，次料不用，操作不马虎。选料精细，制作严格，一分一秒的功夫都不能省。市场上一些酱腌菜产品用食品添加剂腌制，两三天就做好上市，能卖到八九角一瓶。可六必居光做甜酱黄瓜的面粉成本就得1元多钱。

六必居经营管理也有一套办法。几百年经营经验，有一条规定是任何人不准超支或长支店内资金，对外经营也不欠债。六必居规定店内不用"三爷"，即少爷、姑爷和舅爷。前店柜台人多是山西临汾、襄汾县人。

六必居在明清时期生意便十分兴旺，据史料记载，无论春夏秋冬，天天宾客盈门，上至皇宫贵族，下至普通百姓，席面上都少不了六必居的酱菜，家常便饭更是少不了六必居的酱菜。来一碟酱黄瓜，再来一碟辣萝卜丝儿，甭管就着什么吃，都是那么清香爽口。

所以，六必居的门市上，有买一两二两的，也有买几斤十几斤的，自己食用或是送给亲友都觉着拿得出手，特别是外地来京的客人，大包小包的一买就是一大堆，大部分都是给亲友带的。直到后世，到六必居来的客人，仍然是顾客盈门。

由于六必居经营有方，酱菜制作保证质量，特别重视商品的社会信誉，因而尽管饱经沧桑，却历久不衰，在群众中享有很高的信誉。

阅读链接

六必居酱制的甜酱小菜，确实色、香、味俱佳，让人越吃越爱吃。北京在清代前期，专门制售酱菜的酱园很少，大都是油盐店兼营酱菜。它们的酱菜，远不如六必居酱制的菜好吃。六必居的酱菜，酱制多少就卖多少，生意十分兴隆。

六必居的酱菜，个个有名，而顾客尤其爱吃它酱制的铺淋酱油、稀黄酱、甜酱八宝菜、甜酱什香菜、甜酱萝卜、甜酱黄瓜、甜酱黑菜、甜酱瓜、甜辣白菜、甜辣萝卜干、白糖蒜等制品。

北京饮食象征全聚德烤鸭

　　始创于清同治年间的北京"全聚德"，是老北京饮食的象征，但其实最早的时候并不叫"全聚德"，而是叫"德聚全"。

　　清道光年间，河北冀县杨家寨的农民杨全仁因为家乡闹灾害，二老又双双过世，只好跑到北京来谋生。刚到北京的时候，他在鸭房子里给人家放养鸭子。

清代全聚德烤鸭店

■ 全聚德烤鸭店

胡同 根据史料记载和民间传说，"胡同"来源有两种：水井在蒙古语、突厥语、满语中的发音与胡同非常接近，北京吃水主要依靠水井，因此水井成为居民聚居区的代称，进而成为街道的代称，由此产生了胡同一词；蒙古语将城镇称为"浩特"，后来演化成"胡同"和"弄堂"。

此后不久，杨全仁与人合股，在前门通三益海味店的旁边开了一个很小的鸡鸭摊，出售生鸡生鸭。鸡、鸭都是自己宰，每天清晨摆摊出售。

由于经营有方，杨全仁积攒了一些钱，就在井儿胡同买了一处有3间屋的小院。杨全仁请人用红纸写了"鸭局子"3个大字，贴在院门上。从此，这里就成了他贩养鸡鸭的大本营。他的鸡鸭摊也由正阳桥迁到肉市胡同的广和楼北口。

生意一好，杨全仁便开始自己创业。由于卖鸭比卖鸡更容易赚钱，杨全仁的小摊后来就全卖鸭子了。杨全仁对贩鸭之道揣摩得精细明白，生意越做越红火。他平日省吃俭用，积攒的钱如滚雪球一般越滚越多。

杨全仁每天到肉市上摆摊售卖鸡鸭，都要经过一间名叫"德聚全"的干果铺。这间铺子招牌虽然醒目，但生意却如江河日下，濒临倒闭。精明的杨全仁抓住这个机会，拿出他多年的积蓄，买下了"德聚全"的店铺，把开生冷鸭摊改成开烤鸭店了。

刚刚开始的时候，杨全仁的生意并不好。当时北京城里人们都兴吃焖炉烤鸭，挂炉烤出来的鸭子没人认。怎么办呢？杨全仁请了一位先生来给自己的铺子看风水。

这位风水先生围着"德聚全"转了两圈，然后对杨全仁说："啊呀，这真是一块风水宝地啊！您看这店铺两边的两条小胡同，就像两根轿杆儿，将来盖起一座楼房，便如同一顶八抬大轿，前程不可限量！"

只见风水先生的眼珠一转，又说："不过，以前这间店铺甚为倒运，晦气难除。除非将其'德聚全'的旧字号倒过来，叫做'全聚德'，方可冲其霉运，踏上坦途。"

风水先生一席话，说得杨全仁眉开眼笑。"全聚德"这个名称正合他的心意，一来他的名字中占有一个"全"字；二来"聚德"就是聚拢德行，可以标榜自己做买卖讲德行。三来"全而无缺，聚而不散，仁德为先"，正应合店主家"全仁"2字。于是，他将店的名号定为"全聚德"。

接着，杨全仁又请来一位对书法颇有造诣的秀才钱子龙，书写了"全聚德"3个大字，制成金字匾额挂在门楣之上。那字写得苍劲有力，浑厚醒目，为小店增色不少。这样才有了后来大名

风水 我国历史悠久的一门玄术，也称青乌、青囊。本为相地之术，即临场校察地理的方法，也叫地相，古称堪舆术。相传风水的创始人是九天玄女，核心思想是人与大自然的和谐。早期的风水主要关乎宫殿、住宅、墓地的选址、座向等方法及原则。

■ 北京全聚德烤鸭店内

■ 全聚德烤鸭

百年老号

百年企业与文化传统

挂炉烤鸭 依靠热力的反射作用来烤制鸭子，即火苗发出热力由炉门上壁射到炉顶，将顶壁烤热后，再反射到鸭身，挂炉烤鸭不能以带火苗直接燎烤。吃法带有明显的山东的特色，其特点是用饼、大葱或黄瓜、酱，和着鸭肉一起吃。

鼎鼎的"全聚德"。

在杨全仁的精心经营下，全聚德的生意蒸蒸日上。杨全仁精明能干，他深知要想生意兴隆，就得靠好厨师、好堂头、好掌柜。因此他时常到各类烤鸭铺子里去转悠，探查烤鸭的秘密，寻访烤鸭的高手。

终于，杨全仁打探到，专为宫廷做御膳挂炉烤鸭的金华馆内有一位姓孙的老师傅，烤鸭技术十分高超，于是就千方百计与其交朋友，经常一起饮酒下棋，相互间的关系越来越密切。孙老师傅终于被杨全仁说动，在重金礼聘下来到了全聚德。

全聚德聘请了孙老师傅，等于掌握了清宫挂炉烤鸭的全部技术。孙老师傅把原来的烤炉改为炉身高大、炉膛深广、一炉可烤十几只鸭的挂炉，还可以一面烤、一面向里面续鸭。经他烤出的鸭子外形美观，丰盈饱满，颜色鲜亮，色呈枣红，皮脆肉嫩，鲜美酥香，肥而不腻，瘦而不柴，为全聚德烤鸭赢得了"京师美馔，莫妙于鸭"的美誉。

在全聚德厨师的手中，鸭子全身都变成了宝贝。历代厨师在制作烤鸭的同时，利用鸭膀、鸭掌、鸭心、鸭肝、鸭胗等原料，精心创制了各种美味的冷热菜肴。

经过多年的积累，形成了以芥末鸭掌、火燎鸭心、烩鸭四宝、芙蓉梅花鸭舌、鸭包鱼翅等为代表的"全聚德全鸭席"。

人们都说吃饭看招牌，那是说应该去以前没去过的饭馆。不论是谁，走到一家从未吃过的饭馆门前，总要先抬头看看门上挂的招牌，琢磨一下这家店值不值得自己进去花钱。可到全聚德去吃饭的人很少抬头看它的招牌，那是因为全聚德的名气太大了，这种大店是不会骗人的，人们觉得到全聚德来吃饭是件很光彩的事，巴不得一口就把那香喷喷的鸭子吃到嘴里。

但是，偏偏就在全聚德的招牌上出了事。仔细看一下全聚德的招

全聚德烤鸭店招牌

牌就会发现，"全聚德"3个字中，最后的那个"德"字少了一横。

为什么"德"字会少一横呢？有人说是全聚德的创始人杨掌柜在那位叫钱子龙的秀才来写"全聚德"这3字时，先请他喝了酒。钱秀才书法好，但给人写字要价也高。他好喝两口酒但酒量不行，一喝就高。杨掌柜看钱秀才喝得高兴了，马上拿出笔砚纸墨请钱秀才题字。

钱秀才写字的时候精神已经有些恍惚了，一不留神，就把"德"字少写了一横。他一写完，杨掌柜马上就让人把字给收了起来也没细看。等钱秀才走后。杨掌柜再拿出字来一看，才发现德字少了一横。没办法，只好将就着用吧。

这件事传来传去，后来有人说，全聚德的"德"字所以少了一横，是因为杨掌柜创业时，一共雇了13个伙计，加上自己是14个人。为了让大家同心协力，就把牌匾上原本要用15笔写成的"德"字有意少写了一笔，表示大家心上不能横一把刀。正是因为少了这一把刀，全聚德的买卖越做越大了。

百年老号｜百年企业与文化传统

阅读链接

　　全聚德能成为"金字招牌"，是因为选料实在，厨艺精湛，店伙招待顾客热情。全聚德经营的烤鸭品种，从选鸭、填喂、宰杀，到烧烤，都是一丝不苟的。全聚德不仅以烤鸭而饮誉海内外，而且以全鸭席、特色菜、创新菜、名人宴为代表的系列精品菜肴，形成了全聚德海纳百川的菜品文化。

　　一炉百年的火，铸成了"全聚德"。天下第一楼，美名遍中国。"全聚德"闪光的金匾，历经百年沧桑，讲述着古老的故事，记录着几代人的艰辛与成果。

饮誉京城的吴裕泰茶庄

吴裕泰茶庄始建于1887年，初名"吴裕泰茶栈"。创始人吴锡卿，安徽歙县昌溪村人，吴氏祖上几辈做茶叶生意，吴家有兄弟6人，吴锡卿排行第四。

当时，吴锡卿随从一位举人进京会试，出门时带了些茶叶，到了北京举人忙着应试，吴锡卿的空闲时间就多了起来，逐渐也和住地周围的北京人熟悉了起来。

为感谢邻居对他们的照顾，吴锡卿把从家里带来的

吴锡卿蜡像

■ 吴裕泰茶庄

雍和宫 位于北京市区东北角，1694年，康熙帝在此建造府邸、赐予四子雍亲王，称雍亲王府。1725年，改王府为行宫，称雍和宫。殿宇为黄瓦红墙，与紫禁城皇宫一样规格。1744年，雍和宫改为喇嘛庙，是全国规格最高的一座佛教寺院。

茶叶送给了邻居。没想到，这些人喝过这些茶后赞不绝口，极力劝说吴先生摆个地摊卖茶叶。

从北京东直门到鼓楼有条东西五里长的大街，从崇文门到北城根雍和宫豁口有条南北十里长的街，这两条街的交叉点就叫北新桥。吴锡卿就在北新桥大街路东的一个大门洞里摆起了茶摊，没几天茶叶便销售一空。

细心的吴锡卿发现，在内城这满汉居住最密集的地方，无论贫富贵贱，人们有事没事都喜欢喝茶。

这时，举人落榜后要继续留在北京苦读，等待下科再考，便派吴锡卿回歙县老家替他取些银两。吴锡卿回到家乡，铆足了劲儿，尽其所能带回了大量的茶叶，正式开始了在北京的茶叶生意。

北新桥大街路东的一个门洞就是"吴裕泰"乃至

整个吴氏企业的发祥地。据说这里原来是个破败的豪门府第的大门。就在这个没有门牌的大门洞内，吴家做起了茶叶生意，当时包装纸上只印刷有"北新桥路东大厅便是"的字样。

吴家经过数年努力，积累了一些银两，便把这个大门洞买下来，大门洞经过修缮，建成店铺门面，起用了"吴裕泰茶栈"字号。1887年，茶栈正式悬匾开张，自此，吴家更加锐意进取、苦心经营，渐渐在京站稳了脚跟。

为了扩大经营，吴家就把与这个大门洞后面相连的约15亩荒芜府第全部买了下来。吴老太爷重新修建整个院落，建成环绕群房大约50多间。在院落南端还修建了宽大的门楼，京人称为吴裕泰大院。

吴家笃信佛教，乐善好施，每年的冬三月，吴家都高搭粥棚，救济穷人。吴家几代为安徽儒商，经商学文，其中不乏知识分子，而且吴家善待下人，据说在吴家当伙计的，没有一个跳槽的。

吴老太爷在去世前，将所有产业平分成五份，分别写了5张字条，让5个儿子抓阄，谁抓到哪就分到哪份产业，凑巧的是5个儿子由大到小刚好顺序抓到了"仁""义""礼""智""信"。

于是四、五、六房三兄弟就商议将各自分得的商店、房屋等财产重新合并，共同居住生活共同经营商号。为了方便管理，三兄弟组建了一个管理机构起名"礼智信兄弟公司"。

老北京大碗茶

公司创建之初，有礼记的吴德利茶庄即西号、北号；智记的吴裕泰茶栈、吴鼎裕茶庄；信记的协力茶庄和协顺香烛百货铺等共六家商店，此外把各房数十万两银子交由公司经营管理。

俗话说家和外顺。"礼""智""信"三兄弟互谅互让、和衷共济，公司由吴锡卿做主管，人称吴四先生。他为人忠厚、崇尚勤俭、兢兢业业、苦心经营，对内一切按"礼智信兄弟公司"章程办事，对外以"吴裕泰"字号为中心进行商业活动。

吴锡卿虔信佛教，严守道德规范，也有着浓浓的儒家思想。他热心公益事业并担任一些社会职务，对公益事业不遗余力，也常参加一些佛事活动，并时常救助社会上的饥寒之家，逢冬季还在东直门一带开设临时粥厂等。

虽说吴家是深宅大院，颇有大宅门的气派，但吴裕泰茶栈及其联号的各个买卖却都是以一种平常人家的姿态得到广大消费者的认同。

吴裕泰最早的牌匾是吴锡卿用5块银圆，请清末老秀才祝春年写的，称"吴裕泰茶栈"，书法不俗。这块匾在北京挂了几十年。后来恢复老字号时，请冯亦吾老先生题写了"吴裕泰茶庄"，黑底金字的横式牌匾，沿用后世。

以吴裕泰为依托，吴家先后在城里城外开了8家大小茶庄，后来发展到11家，其中崇文门内"乾泰聚""福盛""吴鼎裕"茶庄，专门经营高档茶叶，供豪门显贵享用。

另外还有广安门内的"协利"，西单北大街的"吴新昌"，东单的"信大"，清河的"吴德利"，通县和天津的"乾泰聚"分号和"裕胜"茶庄等，吴锡卿曾任北京市京师茶行会会长。

吴裕泰茶庄自创建之日起，一直坐落在东四北大街44号。其时占地20多亩，高门大院，能同时进3辆大车，共有8个院落，100多间房子，为花园式建筑，分为客房、库房、加工拼配室、营业店堂等。

那时，茶庄主要从安徽、福建、浙江等地进茶，一般是经大运河到通县，再用大车进东直门，到北新桥。历经百年，主号未变，今王府井吴裕泰茶文化馆内有一老顾客捐献的早年吴裕泰茶栈茶叶筒。

之后，茶庄进行翻新扩建，营业现场由原来的50平方米增加到80多平方米，店堂宽敞明亮，店内悬挂着天津炎黄画院赠送的大幅国画《陆羽品茶图》。

每年从腊月二十三祭灶开始就准备过年了，这段时间是茶叶销售最繁忙的时候，既要给店面张灯结彩，又要准备各种档次的茶叶。过年是人们集中花钱的时候，因此买卖也格外好。

年三十晚上，吴裕泰茶栈也照例提早闭门休市，全体店员也进入假日休息状态，要热热闹闹地进行一系列民俗活动，形成了吴裕泰过大年

■ 吴裕泰茶庄门前雕塑

■ 紫砂茶壶

的特有气氛。

吴裕泰的子夜"接神"仪式是年节的开始，用芝麻秸扎一个佛龛样的"钱粮筐子"框架，以象征来年的生意芝麻开花节节高。特别订制的一挂鞭炮，号称"两万头"，挂起来约两丈来长。这挂鞭炮的方法也是很有讲究的，从下面是单挂，上面变成双挂同时燃爆，再往上就是四挂同时燃爆，以示越来越旺之意。

子夜短短数分钟内，常有穷人家孩子手持一张纸质的财神像，在各家店门前高喊："送财神爷来啦！"。每年吴裕泰接到的财神像有上百张。

当时的吴裕泰茶庄，就以拼配花茶为经营特色，开始是自己窨制，后一律在产地窨。

安徽的名茶不少，祁门红茶、安徽屯绿、黄山毛峰、六安瓜片、太平猴魁等享誉中外。但那时北京的老百姓喝不起这些名茶，大多喝花茶。而吴裕泰拼配的茶基本上是大众化的，所以生意一直很兴隆，在北京茶行中独树一帜。

吴裕泰一直秉承"三自"方针，即茉莉花茶"自采、自窨、自拼"。茶坯从安徽、浙江等地自采，再运至福建花乡自窨，最后运回北京自拼。吴裕泰茶庄自拼的几十种不同档次的茉莉花茶，不但质量上乘，而且货真价实，受到了广大消费者的欢迎。

吴裕泰茶庄的顾客大部分是回头客、老主顾。有的家庭几代人都喝吴裕泰的茶叶；有的顾客离开了京城，仍坚持邮购该茶庄的茶叶。

真可谓"半生喝茶，一世情缘"。

茶庄严把拼配关。各种档次的茶叶，他们都拉单子，拼小样，多次品尝，精心调配。吴裕泰茶庄茶叶的质量和品位都高于市场同档次茶叶。

那时，"吴裕泰"店门面虽有些古老陈旧，但店堂内却布置得温馨和谐，使顾客有宾至如归之感。店堂当中迎面悬挂着一面大玻璃镜，左右两侧是金色抱柱楹联："雀舌未经三月雨，龙芽先占一枝春。"店堂正中有方桌，旁置座椅和两对长方座凳。店堂两侧各置一排一字形的尺柜，并有两门与后室相通。

在两柜台内侧张贴着大幅的"丹凤朝阳"图。店堂中还经常摆有应时花卉，如茉莉、碧桃、桂花、梅花、玫瑰等，烘托出茶文化的雅趣。顾客可在店堂小坐，后堂备有茶水，店员不时招待来客，熟识的顾客甚至自己去后堂取茶取水。

吴裕泰以"振兴中国茶行业，弘扬中国茶文化"为企业使命，致力于打造我国茶叶连锁专卖店第一品牌。吴裕泰连锁经营实施"六统一"的管理模式，

茉莉花茶 又叫茉莉香片，有"在我国的花茶里，可闻春天的气味"之美誉。茉莉花茶是将茶叶和茉莉鲜花进行拼和、窨制，使茶叶吸收花香而成的，茶香与茉莉花香交互融合，"窨得茉莉无上味，列作人间第一香"。茉莉花茶多数以绿茶为多，少数也有红茶和乌龙茶。

■ 吴裕泰茶庄匾

即：统一管理、统一标识、统一进货、统一质量、统一价格、统一核算，同时通过督导体系对加盟商进行监督管理和指导服务。

在经营管理上吴裕泰倡导以"顾客为本"的理念，坚持诚信经营倡导人性化服务，把顾客视作朋友、亲人，从环境、产品到服务流程都注重顾客的感受，并努力打造一个体验式与互动式的营销购物环境，让顾客在消费的同时感受吴裕泰服务人员的热情与关怀。最大限度地满足顾客的需要。

在服务中，吴裕泰的员工自始至终都表现出严谨、务实、专业、自信的工作精神，以及热情、诚信、亲和的待人之道。这是百年吴裕泰的秉承，也是茶文化的精髓。

吴裕泰创立了我国第一个茶文化创意产业平台，将所属传统行业的老字号与文化创意产业相结合，并在业内第一个明确提出以"茶文化创意产业带动企业发展，推动行业进步，促进产业升级"的公共服务性平台，推动茶业企业创新文化发展的良好局面。

阅读链接

清代满族官员逐渐养成了无事就下茶馆的嗜好。对此，"吴裕泰"当年的一副对联也许可以说明它的经营思想："京都百业竞奢华，到底有多少大富大贵豪门；古城民众尚节俭，毕竟是大半小门小户人家。"

吴裕泰选择为老百姓服务的经营方针赢得了社会的赞许，当初又没有什么连锁店，城里城外的人们就是多跑上几十里路，也要到吴裕泰茶庄来买茶叶。吴裕泰茶庄正像巨柱一样撑起了北京的销售天空，成为在北京地区收益最大的茶庄。

中华第一包天津狗不理

"狗不理"包子是天津传统风味小吃，为"天津三绝"之首，是中华老字号之一。它创始于1858年。

清咸丰年间，武清县杨村有个年轻人，名叫高贵友，因其父40岁得子，为求平安养子，故取乳名"狗子"，期望他能像小狗一样好养活。按照北方习俗，此名饱含着淳朴挚爱的亲情。

高贵友从小性格倔强，出了名的牛脾气。14岁来天津学艺，在天津南运河边上

■ 狗不理包子铺

百年老号

百年企业与文化传统

■ 天津狗不理包子铺内景

南运河 又称御河。原为古老河道，后经人工开凿，为京杭运河的北段，南起山东省临清市，流经德州，再经河北省东光、泊头市、沧县、青县入天津市静海县，又经西青区杨柳青入红桥区，流经红桥区南部，至三岔河口与北运河会合后入海河。全长509公里。

的刘家蒸吃铺做小伙计。由于心灵手巧又勤学好问，加上师傅们的精心指点，他做包子的手艺不断长进，最后练就一手好活，很快就小有名气了。

三年满师后，高贵友已经精通了做包子的各种手艺，但是，刘记蒸食铺由于经营不善而倒闭，高贵友只好到河边去帮船夫拉纤。

高贵友虽然眼望着白花花的河水，但心里想的却是包子皮、包子馅的事，惋惜自己的手艺无处施展，休息时便以泥做皮、用水做馅，捏起包子来。

人们看到高贵友用泥水做包子，就跟他开玩笑："真是卖水的往河里看，尽是钱了！有本事你真的用水当馅蒸个包子给我们看看！"

这句话竟然使高贵友受到启发，研究起水馅包子来。他开始像调麻酱一样，往肉馅里搅水，这看着似乎很简单的事，但做起来却非常不容易，经过多少次试验才找到了窍门。

水和肉馅在高贵友手中越绞越有劲，使肉水交融加上可口的调味作料，采用半发面的包子面皮蒸出的包子，皮白馅软味鲜，风味独特，堪称绝活。于是，他就自己开办了一家专营包子的小吃铺"德聚号"。

高贵友是天津最早放骨头汤做馅，第一个用米发面做包子的。他做出的包子大小整齐，色白面柔，咬开流油，肥而不腻，味道鲜美。

高贵友的做法是：用猪肉的比例加适量的水，佐以排骨汤或肚汤，加上小磨香油、特制酱油、姜末、葱末、调味剂等，精心调拌成包子馅料。

包子皮用半发面，在搓条、放剂之后，擀成直径为8.5厘米左右、薄厚均匀的圆形皮。包入馅料，用手指精心捏折，同时用力将褶捻开，每个包子有固定的18个褶，褶花疏密一致，如白菊花形，最后上炉用硬气蒸制而成。

出于高贵友手艺好，做事又十分认真，从不掺假，制作的包子口感柔软，鲜香不腻，

小磨香油 因香气扑鼻、香味浓郁诱人而得名。因以芝麻为原料，故称"芝麻油""麻油"。古人把芝麻叫做"胡麻""脂麻"，称芝麻油便是"胡麻油""脂麻油"。香油堪称油类之上品，人们把芝麻尊称为"油料作物皇后"，把芝麻油尊称为"植物油脂国王"。

■ 狗不理包子铺门伙计雕塑

■ 狗不理包子儿童雕塑

窝窝头 采用天然绿色的五谷杂粮为主要原料制作而成的一种食品。至少在明代已经有这个名称，李光庭著《乡言解颐》卷五，载刘宽夫《日下七事诗》，末章中说及"爱窝窝"，小注云，"窝窝以糯米粉为之，状如元宵粉荔，中有糖馅，蒸熟外糁自粉，上作一凹，故名窝窝。"

形似菊花，色香味形都独具特色，引得十里百里的人都来吃包子，生意十分兴隆，名声很快就响了起来。

由于来吃他包子的人越来越多，高贵友忙得顾不上跟顾客说话，这样一来，吃包子的人都戏称他"狗子卖包子，不理人。"久而久之，人们喊顺了嘴，都叫他"狗不理"，把他所经营的包子称作"狗不理包子"，而原店铺字号却渐渐被人们淡忘了！

关于"狗不理"包子的由来，在天津还有另外一种说法：

天津当时有座法国桥，下游两岸多为外国洋行仓库，由海轮运来的面粉、罐头等靠岸卸货，那时只靠人力肩扛搬运。于是，码头上就兴起招临时搬运工，搬运也叫"扛大个的"。

冬季天寒地冻，工人们要从跳板走上船，再下到船舱把物资扛到岸边仓库中，每扛一件物资发给一个筹码，再用筹码换钱，一天往返多次，有力量多运，累了就休息，饿了就在码头上啃点凉窝头，想喝点热水都没有，艰苦万分。

　　这时，有一个年岁较大的工人叫李头，他体会到工人的寒苦，就想弄点热汤之类的吃食给穷哥儿们解决点问题。他每天到市内大饭店像登嬴楼、天和玉等无偿收拾"折摞"，即剩菜，装满两大铁桶，在码头上垒个锅灶，放上铁锅，把折摞倒入锅内加水，再放些碱面和盐，用包装破木板烧火煮开了之后，大碗卖一个铜钱给工人，又好吃又热乎，老远就闻到了山珍海味、鸡鸭鱼肉的味道。

　　于是，工人们从家里自带干粮、窝窝头等泡在大碗中，一吃真比下饭馆还香，而且既不贵又解决问题了。工人们说老爷子办了一件好事，称赞不已。老爷子的买卖愈作愈兴隆，两桶折摞不够就弄四桶。

　　冬天码头上风大，露天吃又冷又脏，码头工人们就给老爷子在仓库大墙边用旧料搭起一个席棚，这样又避风又暖和。时间长了，老爷子有了积蓄，工人们商量给老爷子找个老伴做帮手。

狗不理包子

■ 狗不理包子

经人介绍，找来了一个40多岁的妇女，一说就成了，工人们忙着扩大席棚做洞房成亲。成亲当天不免要热闹一番，老爷子请客，穷哥儿们送礼喝酒吃饭。

老爷子想：吃饭光喝折摞汤不行，做点主食吧，于是就蒸起包子。买来猪肉，手工切小肉丁作馅，用折摞锅里的汤和浮油调馅，老太太和面就蒸起来了。

这包子一吃就有了特殊风味，比三鲜包子还好吃，工人们干活多。老爷子觉得光卖折摞汤不行，今后蒸包子当主食卖吧。开头光卖给工人吃，因为特好吃也对外卖。时间长了，一传十，十传百，包子名气大了买卖更红火了。

喜事相连，老李的妻子怀孕了，生下一个男孩，满月时要庆贺一番，在席棚里一折腾，孩子受了风寒，咳嗽不止。当时也没有什么好的药，孩子咳急，一上痰堵住嗓子，窒息过去了，急得老两口哭得死去活来的，老爷子说："我年上五旬，好容易得了一个儿子，这下全完了。"

没办法工人们就用旧席头裹着去新开路掩埋。老太太拉着席头不放，哭着喊着要跟去。到了一片荒野挖个坑掩埋，老太太怕野狗吃，就坐在坑边上哭。

洞房 远古时期，陶唐氏尧称王不久。有一天他亲临牧区问苦，忽然遇到了漂亮的鹿仙女，两人一见钟情，一段美好的的神话佳缘从此喜结成了。他们在姑射仙洞完婚，一时祥云缭绕，百鸟和鸣。从此，世间也就有了把新娘的房子称作洞房，把新婚之夜称作洞房花烛夜的习俗了。

工人们都走了，老太太哭着哭着听见坑里孩子也哭，赶紧抱上来一看，一口痰卡出来了，孩子活了。老太太喜出望外，赶紧抱回家。

第二天，工人们都来了，看见孩子在床上，很惊奇地说："这孩子怎么又活了？"老太太把情况说了一遍，工人们特高兴，七嘴八舌说起以前死孩子埋到那里，人一走，野狗就扒着吃了，这回孩子怎么活了？有的工人就说这孩子命大，狗都不敢理，大家都笑了；有的就说老爷子姓李，孩子就叫"狗不理"吧。

孩子长大了，就跟着父母学做包子，人们便称之为"狗不理"包子，生意越做越大，"狗不理"包子的名声也就越叫越响了！

无论哪种传说，狗不理包子都是起源于天津，并且以其美味名扬华夏。

狗不理包子关键在于用料精细，制作讲究，在选料、配方、搅拌以至揉面、擀面都有一定的绝招儿，做工上有明确的规格标准，特别是包子褶花匀称，每个包子都是18个褶。刚出屉的包子，大小整齐，色白面柔，香而不腻。

■狗不理包子

狗不理包子铺前的慈禧太后雕塑

据说，袁世凯任直隶总督在天津编练新军时，曾把狗不理包子作为贡品进京献给慈禧太后。慈禧太后尝后大悦，曰："山中走兽云中雁，陆地牛羊海底鲜，不及狗不理香矣，食之长寿也。"从此，狗不理包子名声大振，逐渐在许多地方开设了分号。

狗不理包子是我国灿烂饮食文化中瑰宝，被公推为闻名遐迩的"天津三绝"食品之首。所以，天津人俗谚说："到天津不尝一尝'狗不理'包子，等于没有来过天津。"

阅读链接

天津的狗不理包子是我国灿烂饮食文化中瑰宝，被公推为闻名遐迩的"天津三绝"食品之首。历经160多年的狗不理包子，经创新和改良已形成秉承传统的猪肉包、三鲜包、肉皮包和创新品种海鲜包、野菜包、全蟹包等六大系列100多个品种。

天津狗不理包子先后摘取"商业部优质产品金鼎奖""中国最佳名小吃""国际名小吃"等多个国内外评选和大赛的金奖，被誉为"津门老字号，中华第一包"。

山西陈醋的代表益源庆

醋古称醯，又称酢。《周礼》有"醯人掌共醯物"的记载，由此可见，我们西周时期已有酿造食醋。

《尚书》中记载：殷高祖武丁，为请一位叫傅说的人来做他的宰相，曾致词曰：

　　　若作酒醴，
　尔惟曲糵；若作禾
羹，尔惟盐梅。

这里所说的梅，就是酸梅子，当时是当作醋来使用的。这位叫傅说的人，那时就隐居在山西平陆县一处叫"傅

■ 醋缸

■ 山西老陈醋

百年老号

百年企业与文化传统

贾思勰 北魏时人，我国古代杰出的农学家，所著《齐民要术》系统地总结了6世纪以前黄河中下游地区农牧业生产经验、食品的加工与贮藏、野生植物的利用，是我国第一部系统专著，对我国古代汉族农学的发展产生了重大影响。

岩"的地方。可见，早在公元前12世纪以前，山西人食醋就颇具名声了。

晋阳是我国食醋发源地，史称公元前8世纪晋阳已有醋坊，春秋时期已遍布城乡，至北魏时，大农学家贾思勰在《齐民要术》中曾总结了12条酿醋法。贾思勰曾在山西作过考察，他介绍的这些方法，基本上就是清徐老陈醋的陈酿法。

唐宋以后，由于制曲技术的进步和发展，至明代已有大曲、小曲和红曲之分，山西醋以红心为制醋用曲，该曲集大曲、小曲、红曲等多种有益微生物种群为一体，所酿之醋最驰名者为中华老字号"益源庆"。"益源庆"始创于1377年。

明代并州城有一狭窄小胡同，胡同里有一家小店铺，店主领着小伙计以帮人磨面、酿酒、制醋为生。店主为了使小店生意兴旺，特为本店取名为"益源庆"。"益"乃收益利润，"源"为源源不断，"庆"乃庆祝之意。合起来寓意为：期望该店买卖兴隆，财源不断。

1410年，并州收归宁化王府后，益源庆成为专门为王府磨面、酿酒、制醋作坊，并日益发展壮大。

据一具当年蒸料用的铸有"嘉庆二十二年七月吉日成造"字样的铁甑推测，早在1817年益源庆已具有了日产醋300余斤的规模，为山西最大的制醋作坊。

"益源庆"掌柜历代为榆次山庄头人朱姓，朱家除开有"益源庆"外，在太原还开有"大小买卖社""意合""复合""天庆城"等字号。益源庆的掌柜为赵二，负责经营磨面、酿酒、制醋等主业，兼营酱油、酱类、油类等副业，在太原市享有盛誉。

益源庆产品称为官礼陈醋，当时已成为达官显贵馈赠亲朋的佳品，深受上流社会名人青睐。山西晋剧名流丁果仙、丁巧云府上常年食用益源庆的醋，由店伙计定期挑篓送到府上。

清末时，朱老太爷去世，朱老太太及其三子一女即朱骏图、朱二、朱三、朱凤英维系朱家益源庆买卖，仍以磨面、酿酒、制醋为主。当时大掌柜李富恒、二掌柜申令喜、三掌柜靳安民。益源庆由大掌柜一人管理。

由于朱家买卖后来败落，益源庆在濒临倒闭的情况下，由益源庆

■陈醋的生产

百年老号 百年企业与文化传统

■ 山西老陈醋酿制材料

大曲 又称块曲或砖曲，以大麦、小麦、豌豆等为原料，经过粉碎，加水混捏，压成曲醅，形似砖块，大小不等，让自然界各种微生物在上面生长而制成，统称大曲。在经过强烈蒸煮的白米中，移入曲霉的分生孢子，然后保温，米粒上即茂盛地生长出菌丝，此即酒曲。

最后一任掌柜张映瑀寻得榆次丁永义、刘世忠、王支荣三人合资将益源庆买下，在原址重操旧业。

从此，由掌柜张映瑀、安守芳、石化明共同经营的益源庆再度复苏，实行了自产自销，保质保量，保退换、保顾客吃完不坏。

由于他们重质量、保信誉，颇受消费者的信赖，产品行销京、津、沪、西安等地，小店声名远播。产品也由此被消费者称为宁化府醋。

益源庆山西老陈醋是以高粱、麸皮、谷糠和水为主要原料，以大麦、豌豆所制大曲为糖化发酵剂，经酒精发酵后，再经固态醋酸发酵、熏醅、陈酿等工序酿制而成。

其主要酿造工艺特点为：以高粱为主的多种原料配比，以红心大曲为主的优质糖化发酵剂，低温浓醪酒精发酵，高温固态醋酸发酵，熏醅和新醋长期陈酿。具体来说，益源庆陈醋与其他名优食醋工艺有4

点不同：

一是以曲带粮。山西老陈醋的高粱、麸皮的用量比高至1比1，使用大麦豌豆大曲为糖化发酵剂，大麦豌豆比为7比3，大曲与高粱的配料比高达55%至62.5%，名为糖化发酵剂，实为以曲代粮，其原料品种之多，营养成分之全，特别是蛋白质含量之高，为食醋配料之最。

二是曲质优良，微生物种丰富。其他名优食醋使用的小曲主要是根霉和酵母，麦曲主要是黄曲霉，红曲主要是红曲霉，上述微生物种群在红心大曲中都能体现。而红心大曲中的其他微生物种群在上述曲种未必都能得到体现，特别是大曲中含有丰富的霉素，使山西老陈醋形成特有的香气和气味。

三是熏醅技术，源于山西的熏香味是当地典型风

高粱 又称木稷、蜀秫、芦粟、荻粱。是我国酒、醋、糖之源，自古就有"五谷之精、百谷之长"的盛誉。传说，发明酒的人名叫杜康。他当长工的时候，有一次偶然把高粱米饭放在了树洞中，等时间久了，发酵成了酒，所以开始名叫"久"，后来才有"酒"字。到了后世，称为高粱酒。

美食天下　餐饮老字号

■ 酿醋工艺图

味。熏醅是山西食醋的独特技艺，可使山西老陈醋的酯香、熏香、陈香有机复合；同时熏醅也可获得山西老陈醋的满意色泽，与其他名优食醋相比，不需外加调色剂。

四是突出陈酿，以新醋陈酿代替簌醅陈酿。山西老陈醋是以新醋陈酿代替醋醅陈酿，陈酿期一般为9至12个月，有的长达数年之久。传统工艺称为"夏伏晒，冬捞冰"，新醋经日晒蒸发和冬捞冰后，其浓缩倍数达3倍以上。

经过这样的工艺酿出的益源庆老陈醋，色泽棕红，有光泽，体态均一，较浓稠；有本品特有的醋香、酯香、熏香、陈香相互衬托、浓郁、协调、细腻；食而绵酸，醇厚柔和，酸甜适度，微鲜，口味绵长，具有山西老陈醋"香、酸、绵、长"的独特风格。

山西醋除了质量好、品种多之外，还有其特殊的地理原因。一是山西水土较硬，醋可以起到软化的作用；二是山西人喜欢吃各种面食，尤其各种杂粮面食，醋有帮助消化的作用。久而久之，醋成了山西人的必备食品，故人们戏称山西人为"山西老醯"。

山西人不仅是老百姓爱吃醋，即使是历史上的王公贵戚也爱吃醋。醋在不知不觉中融入了山西人的生活与情感中。

阅读链接

宁化府是明王朝初年宁化王朱济焕的府第，朱济焕是晋王朱纲的儿子。明时实行把皇帝的儿子封到各地做"王"的政策。朱元璋共有26个儿子，朱纲是第三子，被封到太原。朱刚儿子朱济焕的王府，就在太原现在的宁化府胡同一带。而现在益源庆醋厂所在地，是当时专给宁化王府里磨面、做醋、制酒的作坊。

宁化府作坊就是益源庆的前身。益源庆继承了王府作坊用料讲究、精耕细作的传统，做出的醋品质精良、风味绝佳，在太原方圆百里名气很大。

我国古代服装企业老字号百花争艳，以北京为主，如为皇亲国戚、朝廷文武百官制作朝靴的"中国布鞋第一家"内联升，应京城穿戴需要而发展起来的"八大祥"之一的瑞蚨祥绸布店等。北京之外，天津老美华鞋店、沈阳内金生鞋帽店等，也都是服装行业知名的百年老号。

这些服装老字号，都各自经历了艰苦奋斗的发家史而最终统领一行，是数百年商业和手工业竞争中留下的极品。由于其产品信得过的质量保证，其品牌也是人们公认的质量的同义语。

服装老号

八大祥之首的北京瑞蚨祥

北京瑞蚨祥绸布店开业于1893年，是享誉海内外的中华老字号，为京城"八大祥"之首。北京城流传多年的歌谣"头顶马聚源、身穿瑞蚨祥、脚踩内联升"是对瑞蚨祥名满京城的生动写照。

■ 瑞蚨祥店铺

瑞蚨祥创始人叫孟鸿升，是孟子的后裔，济南府章丘县旧军镇人。

■ 瑞蚨祥店铺前织布做衣雕塑

据史料记载，早在清乾隆年间，济南东部章丘县旧军镇的孟氏家族就依靠做生意发了财，后来，孟氏家族当中的一支叫矜恕堂，在济南古城内商业最繁华的芙蓉街开设了瑞蚨号布店，专门批发章丘出产的一种土布，俗称"寨子布"。

孟家以"瑞蚨"为店名，据说是引用了"青蚨还钱"这一典故。"蚨"是远古时期的一种神虫，一母一子，孩子出门时，母亲将血抹在孩子身上，不管它飞到哪里都能飞回家，飞回母亲的怀抱。青蚨代表古代的铜钱。所以，为了财源茂盛，孟家就以"瑞蚨"作为了布店的字号。

到了孟传珊这代，他不仅在山东经营瑞蚨号布店，还在上海、青岛、天津等地设立连锁店，经营规模逐渐扩大，经营品种也日益增多，增加了绫罗绸

孟子（约前372—约前289年），名轲，字子舆。东周邹国人，东周战国时期伟大的思想家、教育家、政治家、文学家。儒家的主要代表之一。在政治上主张法先王、行仁政；在学说上推崇孔子，他被后世的人们尊称为"亚圣"。

■ 瑞蚨祥布匹

缎、皮货等高档商品。

孟传珊一共有4个儿子，老四叫孟继笙，字洛川，因为从小精明灵巧，人送外号"孟四猴子"。1868年，年仅18岁的孟继笙从父亲手中接过了孟家的资产。

接管大权后，孟洛川首先将瑞蚨号改为"瑞蚨祥"，借助青蚨的传说，求得永远财源茂盛，更有祥云相伴、吉日当头。此外，他还兼营了同是孟氏家族的"庆祥""瑞生祥"和"瑞增祥"等祥字号的布店和钱庄。

1876年，年仅25岁的瑞蚨祥掌门人孟继笙把目光投向京城最繁华的商业区"大栅栏"，在清光绪初年，在前门外鲜鱼口内抄手胡同租房设庄，批发大捻布。

1893年以后洋布大量涌入我国，孟继笙出资8万两银在大栅栏买到铺面房，成立北京瑞蚨祥绸布店。

038

百年老号

百年企业与文化传统

大栅栏 是北京市前门外一条著名的商业街，地处古老北京中心地段，是南中轴线的一个重要组成部分，位于天安门以南，前门大街西侧，从东口至西口全长275米。自1420年以来，经过500多年的沿革，逐渐发展成为店铺林立的商业街。

到清末，瑞蚨祥已成为北京最大的绸布店。拥有5个字号：东鸿记茶庄、瑞蚨祥总店即东号、鸿记皮货店、西鸿记茶庄、西鸿记绸布庙即西号，均位于大栅栏街内。

当时，慈禧太后的寿服、宫内自用的宫服和戏服、大臣们的朝服皆经此而做，因做工精美，质量上乘，口口相传，继而京城的达官显贵都汇聚到此做服装。

当时宫内有堆积如山的绸缎贡品，在为内宫制衣过程中，慈禧遂同意由宫内绸缎贡品折合银两当作加工宫服的费用。由此，瑞蚨祥开始对外经营宫内的贡品绸缎，并且把皇家的丝绸用品引入民间。

从1903年起，孟继笙又以更大的魄力，在青岛、天津等地相继开设了瑞蚨祥分店。至此，孟继笙在商业经营与发展的道路上可谓春风得意，一帆风顺。

瑞蚨祥以货品纯正、花色新颖著称，自行设计花样，派专人、选厂家"定产品"，并绣明"瑞蚨祥鸿记"字样。其优良的布匹、绸缎一直为海内外游客所称道。其开办的"传统服装服饰展"也是文商结合的典范。

当时，我国北方流传着这样一句谚语："中原康百万，山东袁子兰，两个财神爷。抵不上旧军孟继

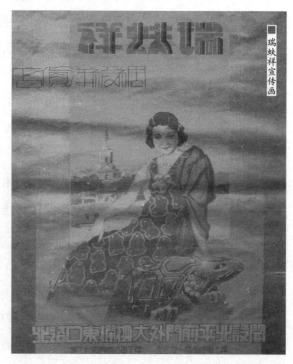

■ 济南瑞蚨祥老店

攒尖顶 我国古代房屋建筑的一种屋顶样式，其特点是屋顶为锥形，没有正脊，顶部集中于一点，即宝顶，该顶常用于亭、榭、阁和塔等建筑。按形状可分为角式攒尖和圆形攒尖，角式攒尖顶有同其角数相同的垂脊，有四角、六角、八角等式样。圆形攒尖则没有垂脊，尖顶由竹节瓦逐渐收小。

笙。"前两者是晚清钱庄票号业的巨擘。

瑞蚨祥布店的建筑也别具风格，平面布局为我国传统的四合院式，但临街的建筑均为楼房。房间比传统四合院的间数要多，是平房与楼房相结合的新型四合院。

瑞蚨祥建筑群中最主要的是西边的一大组建筑，即主营丝绸布料为主的鸿记绸布店。西边最高大的临街建筑，就是布店的营业楼。该楼建于1923年，建筑面积3520平方米，高度约11米，钢结构和砖木结构相结合，其建筑风格以我国传统建筑形式为主，是我国早期中西合璧的商业建筑。

该建筑为一座3层楼，高大雄伟，在商埠区非常特殊。楼的正立面东西有两座对称的四层方形塔楼。一二层为长方形窗户，三层为圆形窗户，而塔楼最高一层是我国传统的有着四角攒尖顶的四方亭，这种塔楼借鉴了西方教堂的建筑形式。

两塔楼中间为瑞蚨祥鸿记布店营业厅的南山墙。两座方塔比营业厅往南突出一间。营业厅还有一前廊，下雨雪时，可以让顾客在此暂避一时，设计得比较人性化。营业厅大门上方即两楼之间砌一矮墙，正好作为商号的长匾用。

进大门便是营业大厅，厅内南北向有4排圆柱支撑着二楼。柱子都比较细，柱头是典型的西方常用的爱奥尼克柱头，这在商业建筑的内部是很少见到的，在西方建筑中大部分是用在建筑的外表立面上。

营业厅中北部有一天井，这是那一时期商业大楼的特色，一方面是为了采光，另一方面是为了让顾客在购物时感觉不到压抑，天井后改成楼梯。

上二楼后同样和一层一样有4排圆柱，二楼空间也很大。从外面看，该楼外主体为三层，而从内里其实是二层楼，只是二层的高度相当于三层楼高，所以空间非常宽裕。

货场两侧没有窗户，当时有"明茶暗布"之说。布店光线较暗，目的是使纺织商品增色。楼下经营棉布，楼上经营呢绒、绸绣和皮货，商品采购以北京为主，其他各市货源由北京调拨。

百余年来，"瑞蚨祥"始终在丝绸业及手工缝制行业中处于领先地位，主要在于其有着深厚的文化底蕴，独特、颇具实力的经营管理手

瑞蚨祥经营者孟雒川

段，并始终贯彻"至诚至上、货真价实、言不二价、童叟无欺"的经营宗旨。主要经营丝绸、呢绒、棉布、皮货、中式服装及制作等。而且售货员是"跑大海式"，即一包到底，当某一顾客进店后，自始至终全由一名售货员接待，这就要求售货员具有全面的业务技能，懂得商品知识，并做到文明经商。

该店还讲究售货员举止儒雅大方，服务态度优质上乘，故而赢得了广大消费者的信赖和赞誉。

个性化制衣是"瑞蚨祥"传统特色，从选料到成衣制作始终是"一条龙"服务。在遵循传统制作技艺的镶、滚、拼、盘、贴、荡等的同时，又增加了手工刺绣等技艺，它选料精良、剪裁得体，滚边讲究，盘扣精美。盘扣是中国传统服装服饰制作中的瑞蚨祥牌匾传统特色之一，是纯手工的"绝活"。

瑞蚨祥以货真价实、服务周到赢得了广大顾客。瑞蚨祥的色布是选用上好的白布加工的，缩水率小，下水不褪色，最受广大劳动人民特别是农民的欢迎和信任。它经营的青市布初染后先放在黑窖子里一段时间，让色渗透后再染一次才出售，以便使颜色更黑。老北京人百余年来一直以"身穿瑞蚨祥"为荣。

阅读链接

孟继笙的老家章丘县旧军镇是古代齐国的旧地，作为齐文化重要组成部分的商业文化，无疑也给他的成功提供了一种传统基础和渊源上的影响。

孟继笙自幼喜爱经营。每次随父亲到周村，就被当地的商业氛围吸引。十几岁时，父亲病逝，母亲将孟继笙交给三伯父孟传廷照顾，孟传廷常带孟继笙参加经贸活动，使其商业经验不断增加。此后，孟继笙很年轻时便主持矜恕堂的经营，并很快在族业中崛起，并且先后兼并了其他堂号，成为旧军镇孟氏工商业的主要代表。

足下生辉的内联升鞋店

北京有句老话儿说："爷不爷先看鞋。"北京人出门在外，没双好鞋那可不成。脚底有了劲儿，脸面上才有光。老北京的好鞋上哪儿买去？内联升啊。

内联升创建于清咸丰时的1853年，创始人赵廷是天津武清县人。他早年在一家鞋作坊学得一手制鞋技术，又积累了一定的管理经验。后来，由京城一位达官丁大将军出资千两白银入股，资助赵廷开办鞋店。

内联升鞋店

■ 内联升鞋店卖鞋
雕塑

044

百年老号

百年企业与文化传统

千层底 即为千层底布鞋，因鞋底用白布裱成袼褙，多层叠起纳制而成，取其形象得名。其面料为冲服呢等上等材料，配以漂白布里制成鞋帮，经绳线做成鞋。成品穿着舒适，轻便防滑，冬季保暖，夏季透气吸汗。我国最早的千层底布鞋始于周代。

当时，赵廷根据北京制鞋业的状况，认为北京制作朝靴的专业鞋店很少，于是决定办个朝靴店，专为皇亲国戚、朝廷文武百官制作朝靴。

赵廷将鞋店命名为"内联升"："内"指大内即宫廷，"联升"示意顾客穿上此店制作的朝靴，可以在朝廷官运亨通，连连高升。

内联升以制作朝靴起家，鞋底厚达32层。特色产品"千层底"鞋底每平方寸用麻绳纳81至100针，针码分布均匀，产品全部手工制作。黑缎鞋面质地厚实，色泽黑亮，久穿不起毛，如果沾了尘土，用大绒鞋擦轻轻刷打，就又干净又闪亮。这样的朝靴穿着舒适、轻巧，走路无声，显得既稳重又气派。

内联升对来店做鞋的文武官员的靴鞋尺寸、式样等都逐一登记在册，如再次买鞋，只要派人告知，便可根据资料按要求迅速做好送去。同时，也为下级官员晋见朝官送礼提供了方便。一本详录京城王公贵族制鞋尺寸、爱好式样的《履中备载》由此而生。

内联升创办后曾几次搬迁。店址最初选在了东江米巷，即后来的东交民巷。1853年的东江米巷，已经不是寻常店铺可以驻足之地。自明代以来，朝廷就在此设置礼部、鸿胪寺和会同馆，负责接待前来朝贡的外国使节，内联升能在此立足，多是借了朝中达官的荫庇。

在1860年之后，内联升可以时不时地迎来一些金发碧眼的客人，穿着皮鞋的外国人，蓝蓝的眼睛看到这些高级靴子的样子时，颇为惊奇。

内联升在东江米巷一待就是47年，直至1900年东江米巷被焚，内联升在这次大火中也被毁于一旦。

赵廷为了恢复内联升而四处奔走、筹措资金，最终选址奶子府。在奶子府重新开业不到两年，赵廷去世，其子赵云书子承父业，将内联升搬到了廊房头条，在劝业场外租了个门面。

从这次开始，内联升打破了前店后厂的传统，将鞋作坊设在了距离廊房头条不远的北火扇胡同。后来公私合营开始，内联升又迁址到大栅栏街。其址就是达仁堂药店旧址。

内联升创办之

华服风采

服装老号

会同馆 我国古代都城，皆设有朝廷接待宾客的机构，汉以后的鸿胪寺，即专司其职的衙署，至元代改为隶属礼部的会同馆。会同馆虽然不是行政衙门，也不是一种很重要的建筑类型，但却是皇都机制的一个重要组成部分，承载着发展对外关系的功能。

■ 内联升鞋店布鞋

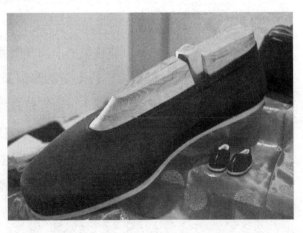

■ 内联升绣花鞋

轿 一种靠人或畜扛、载而行,供人乘坐的交通工具,曾在东西方各国广泛流行。就其结构而言,轿子是安装在两根杠上可移动的床、坐椅、坐兜或睡椅,有篷或无篷。轿子最早是由车演化而来。轿子在我国大约有四千多年的历史。据史书记载,轿子的原始雏形产生于夏朝初期。因其所处时代、地区、形制的不同而有不同的名称。如肩舆、兜子、眠轿、暖轿等。

初,瞄准的就是那些能穿得起鞋的人。在当时,鞋不光是一件衣饰那么简单,而且是一个人身份和地位的象征。衣服是生活必需品,有遮羞保暖之用,鞋却不是,比起衣服,鞋可以叫做"奢侈品"了。

后来,内联升店主的目光开始由坐轿的转向抬轿的。轿夫们爱穿的洒鞋成为内联升的第二拨儿主打产品。但即使身处困境,内联升还是不情愿太降格以求,就算生产了轿夫鞋,冲服呢做成的洒鞋也是一种高档商品。

内联升靠优质的商品和服务赢得顾客,制作的洒鞋也很实惠,特点是既跟脚又不易绽裂,且柔软吸汗、走路无声,不但适宜轿夫穿用,人们习武也喜爱穿它,可谓古老的中国式运动鞋。

后来,鞋店的主要服务对象普及到普通百姓,但仍坚持对畸形或有特殊需要的顾客予以定做,并可保留其鞋的尺寸及要求，满足顾客的要求。

就这样，北京的洋车夫穿的是内联升做的靸鞋，朝廷文武大员穿的是内联升做的朝靴，就连那皇帝登基坐殿，穿的也是内联升做的龙靴。老北京人有句口头禅："头顶马聚源，脚踩内联升，身穿八大祥，腰缠四大恒。"这里说的脚踩内联升，是说能够穿上内联升做的鞋，是对身份的一种炫耀。

大栅栏是北京老字号的云集之地，钻进这里的胡同时，需要仰着脖子，因为路两旁的老字号大多楼宇高耸，不仰视很难看到店名，这样仰视着走出约200米，就能看到内联升的招牌。

内联升大栅栏营业楼，有着1200余平方米的营业面积，每天迎接数千名游客到来，熙熙攘攘、摩肩接踵、呼朋引伴的购物、观光场景，简直是热闹非凡。

客户群仍以中老年居多，但也有些年轻人开始喜欢上透气性好又吸汗的布鞋，兴起了一股穿千层底布鞋的热潮，连出入正式场合，都穿着粗布衣裤、千层底布鞋。国货复兴更是让越来越多的年轻人开始将混搭千层底布鞋作为一种时尚潮流。

进入内联升店门，左手边有一个工艺鞋展柜，都是些缩小了尺寸的鞋子，其中还有三寸金莲鞋，这倒是按照原尺寸做的，只是作为艺术

■ 内联升虎头鞋

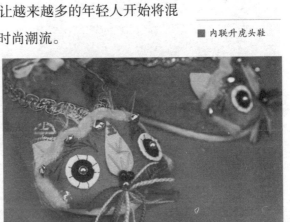

鞋拔子 又叫鞋拔、鞋溜子。下端弧形，上端有柄，柄长短不一，柄的顶端一般有孔，经孔穿绳便于悬挂，有的"鞋拔子"顶处雕刻成鹿首、佛首或是孔雀形状，寓意着吉祥如意。把鞋拔放入鞋后跟，只要踩一下，就可以轻易、快速地把鞋子穿好，避免了双手直接接触鞋子，这样既卫生又方便。

品，它还有些存在的价值。

展柜旁边的两位师傅一边和顾客聊天一边做着鞋，这是个专门的演示区，顾客已经很少有买来布鞋常年穿在脚上的，向顾客展示鞋底的纳法和制鞋的工艺，更容易提起他们的兴趣。

内联升在保护传统方面费尽了心思。后来还把一层的柜台全部由开架改成了闭架。因为闭架才能让顾客体会到古式的购物方式：隔着柜台，看好自己喜欢的鞋，然后对服务员说："劳驾您给我拿……"相比于缺少了语言交流环节的开架销售方式，藏在老字号背后的百年传统对顾客来说才具有真正的吸引力。

一楼进门右边是通往二楼的楼梯。上楼过程中，可以看看墙上介绍内联升历史的风俗画。

二楼设有其他品牌代售柜台，靠近楼梯的地方放着一个造型奇特的试鞋椅，这是其他的鞋店里从未见过的。椅背很高，椅面像是一个"田"字形，共分成四个座位，试鞋时顾客们背对背坐着，底座是八面方形镜子。

■ 内联升绣花鞋

每个椅背上还拴着一个鞋拔子，这可是个"古董级"的东西了，一直都在店里。一楼改为闭架后左边没有那么大的地方安置才把它

移到了楼梯口。

二楼和一楼不同，仍然在使用开架销售。整个二楼只有南面一个小小的区域是内联升特价商品专柜，别的柜台都是其他品牌的代售柜台。自营布鞋才是内联升的主打，每天能卖出布鞋几百双，有些人一次就买几十双。

内联升在店内三层还专门设置了非物质文化遗产展厅，周一至周日早9时至晚5时免费开放参观。面积200余平方米，展品非常丰富。顾客可以打开墙上的电灯开关，自行参观。

在这里，内联升的发展脉络清晰地呈现在顾客面前：由原来单一的朝靴店，到后来逐渐增加品种，制作洒鞋、千层底布鞋等，后来又增加了女鞋和皮鞋。原本只走"贵族"路线的老店，经营策略不断调整，最终演变成了普通老百姓得以亲近的品牌。

内联升千层底布鞋由于其制作工艺的严格，工艺独特，选料考究，做工精细，技艺高深，难度大，耗时长，学徒需要三年零一季才能出师。

正所谓"只有民族的，才是世界的"。内联升的千层底布鞋制作工艺继承了传统民间的工艺，精选纯棉、纯麻、纯毛冲服呢等纯天然材料棉、麻等，鞋底选用上等麻绳，鞋面织锦缎等制作。具有舒适、

华服风采

服装老号

透气、吸汗、养脚等优点。

内联升还在此基础上进行了自己的发展与创新，是名副其实的"工精料实"。主要特点可以归纳为"一高四多"，即：工艺要求高；制作工序多，纳底的花样多，绲鞋的绲法多，样式多。

千层底布鞋制作工艺的传承方式是师传徒的老模式。由技艺高超的老师傅带领徒弟，师傅通过口传心授，将自己的制鞋经验、窍门教给徒弟，徒弟通过体会、理解，在实践中继承师傅的技艺，从而一代一代传承下来。

制鞋手艺通过口传心授传承，难度很大。千层底布鞋的制作工艺，一直沿用传统手工制作方式，工序复杂繁多，大的工序有30多道，总工序要上百道。每道工序都有严格明确的标准，讲究尺寸、手法、力度，要求干净、利落、准确，严格明确的工序标准甚至深入到了工人的每个动作。

这方面技术的掌握，由师傅领进门，修行则全靠个人反复练习、揣摩。千层底布鞋制作工艺历史悠久，它的产生是我国制鞋史上一件了不起的伟大成就。它凝聚民族手工技艺的精华，具有独特特色和优势，反映了中华儿女优秀勤劳的品质，是我国鞋文化的代表作，也是中华民族的宝贵财富和珍贵遗产，具有极高的历史文化价值、经济价值、和工艺价值。

阅读链接

内联升总店共有四层，一二层为营业厅，三层为非遗展厅和销售分公司，四层为办公区。一至三层门头都悬着一块匾，三层是张爱萍将军题写的店名，二层是郭沫若题写的店名，一层是冯珏题写内联升的老匾。

大文豪郭沫若写诗赞道："凭谁踏破天险，助尔攀登高峰。志向务求克己，事成不以为功。新知虽勤摩挲，旧伴每付消融。化作纸浆造纸，升华变幻无穷。"

莲步多姿的天津老美华

　　天津老美华是一家有着百年历史的专门经营缠放足妇女"三寸金莲"的特色鞋店老字号，始建于1911年。

　　天津制鞋行业历史悠久，百年前的商业街云集着经营皮鞋的"沙船"，经营缎面鞋的"金九霞"以及经营胶鞋的"惠利"，但到了后来，这些曾经辉煌的鞋业老号大多淡出历史舞台。

■做鞋雕塑

■ "老美华"匾额

百年老号

百年企业与文化传统

牌楼 我国文化
的独特景观，是
由文化诞生的建
筑，最早见于周
朝，和牌坊都
是最初用于旌表
节孝的纪念物，
后来在园林、寺
观、宫苑、陵墓
和街道均有建
造，与牌坊相
比，牌楼有屋
顶，有更大的烘
托气氛。

　　然而，"老美华"这家专门经营缠放足妇女"三寸金莲"的特色鞋店，"踩"过了百年沧桑，经历从创业、发展、萎缩到再发展等几个重大历史阶段，踏出了自己的道路。

　　1911年初冬的一天，一位身着长袍、头戴礼帽、精明干练的年轻人走在老南市口，有细心的人发现，这位青年已经在南市三不管至牌楼一段的路上溜达了好几天。

　　此人名叫庞鹤年，来自宜兴埠，早年做些小生意，靠自己的勤奋和聪明，积累了一些本钱，准备在南市一带开间鞋店，此次进城正是为选址而来。

　　庞鹤年转了几天，发现南市口有一处非常明显的三层店铺，店铺近30平方米，在当时来讲可谓黄金铺位，四通八达，无论从东马路、和平路，荣吉街、海拉尔道四面都能看到这个店，庞鹤年就此认定此处为风水宝地，当时便给了店主一个金元宝，作为定金，三天后就买下了这个店铺。这也就是后来的老美华。

门脸定下来了，要经营什么产品呢？庞鹤年又用了近半个月的时间进行市场调查。他看到，当时有经营皮鞋的"沙船"，有经营布鞋的"德华馨"，以缎面鞋闻名的"金九霞"等老一代名牌产品，但唯独没有为缠足妇女经营小脚鞋的鞋店，所以他决定要为缠足妇女开家专营坤鞋、缎鞋、绣花鞋及缠足鞋的鞋店，宝号取名"老美华"。

老美华店铺外檐装修三层楼，中间有一座宝塔，塔上挂有八个铜铃，铜铃四周有灯光照射使宝塔更为壮观，而鞋的品牌就取名为"三塔"牌；店铺迎面挂有一幅仙鹤寿星图，画的两侧是掌柜庞鹤年亲自题诗，为当时的店铺写照：

> 三层塔松拉铜铃，一对仙鹤伴寿星；
> 时有微风吹铃动，百里遍传迎客情。

■ 清代绣品——三寸金莲

■ 老美华布鞋

太师椅 是我国古家具中唯一用官职来命名的椅子，它最早使用于宋代，最初的形式是一种类似于交椅的椅具。太师椅最能体现清代家具的造型的特点，它体态宽大，靠背与扶手连成一片，形成一个三扇、五扇或者是多扇的围屏。

老美华的店铺开张了，庞鹤年对店铺各方面都要求非常严格，首先要求店员要站有站相，坐有坐相，站姿要端正，前不靠货柜，后不倚货架。

同时，要求伙计们的肩上搭着马尾做的掸子，在售货过程中，无论上高或弯腰掸子都一动不动。掌柜对伙计们的精神面貌也有很高要求，要做到一周一理发，两天一刮胡子，三天一洗大褂。

店员们个个都有一股买卖人的精气神，待客更是主动热情。不仅如此，庞鹤年对商品质量要求就更为严格了，鞋面采用"瑞蚨祥"的好面料，女士皮底鞋厚为3毫米，男士皮底鞋厚度为3.5毫米至5.5毫米，反绱鞋鞋槽要深浅均匀线缝一寸三针半。

除此之外，老美华还有一套验鞋标准，并要求必须完全做到。老美华后来一直沿用这种制鞋标准，老美华产品的质量由此便可见一斑。

当时，老美华的店铺陈设有茶几，两边摆有太师椅。顾客到了先由小伙计笑语接待引进店来，入座后马上为客人沏茶倒水，顾客在品茶时，伙计就会递上鞋请顾客试穿。同时掸子不离手为客人掸裤脚，还要帮客人提鞋。

在销售过程当中，掌柜要求伙计无论什么情况都

独占鳌头的盛锡福帽子

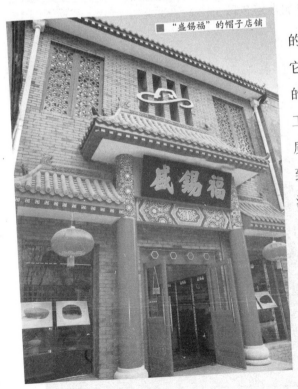

■ "盛锡福"的帽子店铺

　　"盛锡福"是著名的帽子老字号，最早它是1911年在天津开办的，以其用料考究、手工制作、做工精细、品质优良而著称于世，受到海内外各界人士的广泛欢迎。

　　"盛锡福"创办人刘锡三，本名占恩，号锡三，山东掖县沙河镇人，家中世代务农。他幼年读过几年书后因家境不好而辍学，于是帮

不能讲"没有"二字，应做到以有代无。

确实没有让顾客满意的鞋怎么办呢？老美华还可以为顾客定做鞋，在一楼画样子，三楼制作，鞋做好后伙计就拿着提盒为顾客送货到家。

另外，店内客人买好鞋后，要送出门外。如果掌柜见到顾客空手而归，打烊后，会找到伙计询问原由，究竟因为什么原因没能销售成功，并在伙计的"留去簿"上记上一笔。到了腊月，"留去簿"上被记录的最多的伙计就会被掌柜辞退。

当时在老美华店铺周围有不少娱乐场所，例如群英戏院、大舞台、燕乐、中华曲苑等。老美华就瞄准了这些服务对象，定期上门量尺寸定做鞋，并且送货上门。

那时候娱乐场所的姑娘们对绣花鞋的样式、绣花和配色要求很高，老美华的学徒们因此也练得一身的好手艺。缎面一般要绣一些吉祥如意的图案，如牡丹、菊花、喜鹊登梅、鲤鱼跳龙门等；鞋面配色要求明快、和谐；针码要均匀。

绣花鞋验鞋时，用酒精灯在一定的距离下，用火烫去鞋面上的毛绒眼，这里距离一定要掌握合适，高了，就起不到作用；低了就会烫坏鞋面，所以技术要

喜鹊登梅 是我国的传统的吉祥图案之一，梅花是春天的使者，喜鹊是好运与福气的象征，民间传说七夕人间所有的喜鹊会飞上天河，搭起一条鹊桥让牛郎和织女相见。因此喜鹊登梅寓意吉祥、喜庆、好运的到来。

■ 老美华虎头鞋

然后，用丝漏盖在布底上印上颜色，然后，再以印上的颜色为标记手工搓麻、纳底、纤边。

纳底时，夏季选用安徽的麻，冬季则用河北、张家口的油麻。因为安徽的麻夏季穿着软硬度适中，而冬季用油麻纳底鞋更结实耐穿。

纳好的底码在大缸里用60度的水浸透，用2寸厚的木盖压好，缸口四周密封24小时，这样底子和线不脱股，增加牢度。起缸后，再用木锤矫正鞋底形状，以日光或烤箱烘干。

百余年来，老美华仍保持这种制作布底鞋的传统工艺，这种布底鞋亦一直深受顾客喜爱。老美华的橱窗里，陈列着劈开的千层底，就是让顾客看到其真实的质量。

老美华经过发展、创新，千余种不同款式的晨练休闲鞋、散步鞋、地毯鞋、厨房鞋等新品鞋，已经成了众多中老年人足下的风景，它反映了社会正变得更加多姿多彩。

阅读链接

现在缠足陋习早已摒除，但是一些缠过足的老年妇女的穿鞋问题仍是难题，在这种情况下，老美华找到曾经做过小脚鞋的老工人重新做这种鞋。

一位定居美国的华侨，他的妻子是个缠足妇女，在美国几十年的生活中，一直穿大号童鞋。一次回国探亲，老夫妇专程到老美华，一下子就买了五双鞋。老夫人一边试鞋，一边落泪。老华侨感慨地说："我虽然富有，可是几十年的异国生活，竟没有为我老伴买上一双合脚的鞋，唯有老美华还惦记着老年人哪！"

■ 老美华三寸金莲

百年企业与文化传统

缎 一种比较厚的
正面平滑有光泽
的丝织品。缎类
织物俗称缎子，
品种很多。缎纹
组织中经、纬只
有一种以浮长形
式布满表面，并
遮盖另一种均匀
分布的单独组织
点。因而织物表
面光滑有光泽。
经浮长布满表面
的称经缎；纬浮
长布满表面的称
纬缎。缎类织物
是丝绸产品中技
术最为复杂、织
物外观最为绚丽
多彩，工艺水平
最高级的品种。

精益求精。

然后再用干净的手帕擦净鞋面，或者用刚刚蒸出笼的揭皮馒头滚鞋面，一次或反复几次。这样，线头都已经被粘去，而鞋面上的绣花愈发显得亮丽，鞋面也同时被擦净。

经过这些程序，一双干净漂亮的绣花鞋就可以验货出厂了。

技术难度最大的就是被称之为"三寸金莲"的坤尖鞋。制作这种鞋，缝制尖头的前三针是至关重要的。要平整，一定不能出"包柳"，如果不平的话，鞋的后跟就歪，没有鞋型。所以绷楦的前三针，是个技术要点。

坤尖鞋也有青缎、粉缎、白缎、红缎等颜色。那时新娘出嫁时，都要选上一双红色缎面坤尖绣花鞋，那又尖又窄的鞋面上绣着龙凤呈祥的图案。

当时，穿老美华的鞋上花轿，就是一种身份的象征。社会上名流商贾家的小姐和夫人都争相到老美华选购各种坤鞋。一些著名的老艺人上台演出的彩鞋，也都是由老美华的师傅画脚样、修楦并亲手制作的。在当时，穿老美华的鞋已经成为一种时尚。

老美华千底布鞋的制作是非常讲究的。首先，原材料选用新白布，用两层新布做"夹纸"，要求白布无杂色，不准用纸，也不能用糟布。

"盛锡福"制清
朝官员顶戴

父亲在地里干活。

这一年，家乡受灾，农田歉收，乡里人四处谋生，刘锡三也离家去青岛市一家外国人办的饭店里做勤杂。他为人勤快又好学，在饭店里因经常与外国人打交道，学会了一些日常英语。

不久，刘锡三离开了这家饭店，到一家洋行做业务员，负责下乡收购草帽辫。草帽辫是用来制作草帽的，洋行把它收来，运到国外制成草帽再返销我国，以获高利。

刘锡三在洋行里干了几年，对草帽辫的质量好坏、品种和产地，以及草帽的制作等情况了解得一清二楚，于是他就想："中国人的钱，干吗让外国人赚去？不如自己干。"

在以后的几年时间里，刘锡三省吃俭用，积攒了一笔钱。1911年，他同友人合资在天津估衣街开办了"盛聚福"小帽店。

当时，人们刚刚剪掉前清遗留的长辫，摘掉瓜皮

草帽 一般是指用水草、席草、麦秸、竹篾或棕绳等物编织的帽子，帽檐比较宽。可用来遮雨、遮阳，并且休息时将衣物放于帽中，以防沾尘土。草帽被人们沿用了数百年，直到现在，在广大的农村，它仍然是农民日常生活不可或缺的组成部分。

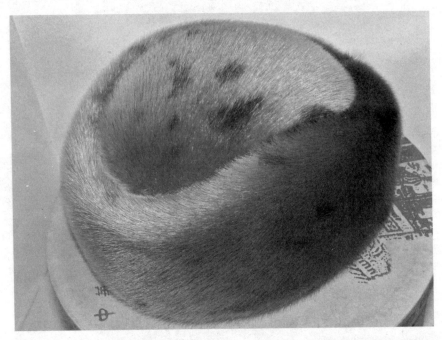

■ "盛锡福"的海豹皮帽

乳名 又称小名，奶名。是父母给孩子起的昵称，与学名不同，并不正式。可借用身边周围的金石、花鸟、鱼虫，甚至是禽兽之名，或为讨个吉利口彩，意思简单，朗朗上口，叫着亲切，听起入耳，令人难忘。

小帽，总要有新式衣帽替换。刘锡三适时引进英、法、美等国的呢帽，所以在时帽市场一炮打响。小店开张后，生意很兴隆，年年盈利。

后来，刘锡三与友人分手，"盛聚福"的买卖分到了刘锡三的手中。刘锡三是一个一门心思想把生意做大的人，他买卖赚了钱，不去置买田地，而是继续扩大再生产。哪个城市商业繁华，他就不惜一切代价，想方设法在最繁华的地段开设自己的店面。

刘锡三从东南银行得到一笔可观的贷款，又在天津法租界21号路选好店址，把"盛聚福"改为"盛锡福"，在1917年重新开张。

刘锡三命名的厂名"盛"字是希望买卖兴盛，"锡"字是取刘锡三名字中间的一个字，"福"字是因为刘锡三乳名叫"来福"，是祝福吉祥之意。

刘锡三为了创名牌，防别人仿制冒牌，特向当时政府申请注册"三帽"牌商标。"盛锡福"的商标是在这3个字下面，用草立连成环形，中间三顶帽子呈"品"字形，下面是"三帽商标"4个字，从上往下顺着一念，刚好就是"锡三"2字。厂名和商标正合锡三之名。总的含义是锡三创办的"盛锡福"、制造的"三帽"牌帽子繁盛不衰，让他的名字永远与帽庄一起长存。

刘锡三凭着自己的胆识与魄力，意识到要想使"盛锡福"的帽子高过别家一筹，必须要有先进的技术设备。所以，他在1919年不惜花费巨资从国外进口全套的电力制毡帽的设备，重金聘请了制帽技师，专门从事新样式的设计和质量的严格把关，设立草帽工厂自产自销，使"盛锡福"成为国内制帽业中拥有第一流的先进技术设备的大型帽庄，并很快在天津打开了销路。

同时，刘锡三考虑到产品不仅要在国内独占鳌头，而且还要打入国际市场，于是他派大徒弟赴日本考察学习，掌握最新技术，使"盛

■ "盛锡福"皮帽

■ 盛锡福制帽工具

百年企业与文化传统

王府井 自隋朝时，北平王罗艺之帅府就在这里，唐高宗封罗艺为燕王，在此建有燕王府。至明代建有十王府、王府街。古时北京老百姓打不起井，一般的井打出的水都是苦涩的，而王府街旁西侧有一口远近闻名的优质甜水井，王府井的地名也就因此而得。

锡福"如虎添翼。不到几年工夫，就添了八九个专业工厂，如皮帽厂、便帽厂、缎帽厂等。

在20世纪二三十年代，"盛锡福"先后在南京、上海、北京、沈阳、青岛和武汉等地设立20多家分店。"盛锡福"在美、澳、英、法、意、西班牙、葡萄牙、荷兰、捷克、瑞士、瑞典、挪威以及非洲等地都有代销处。在世界列强争相控制我国市场的时候，"盛锡福"的产品在当时先进的欧美各国争得了一席之地，长了中国人的志气。

"盛锡福"在北京落脚是在1936年至1938年间。西单北大街、前门大街、王府井大街和沙滩四家"盛锡福"帽店先后开业，均由柜上大徒弟常瑞符主持。

1946年前，北京"盛锡福"帽子都由天津总号工厂供应。1946年后改由在北京找小帽作坊加工。总号工厂生产各种帽子，从进料、生产全过程到出厂检查，道道有人把关，所以每顶帽子的质量都是上等。

改由小帽作坊加工后，同样要求把住质量关，一顶劣质帽子也不准进柜台。"盛锡福"用小帽作坊加工产品，采取领料加工，也就是在"盛锡福"领料，按"盛锡福"的工艺要求加工。

"盛锡福"加工制作一顶皮帽通常都要经过几十道工序处理。从皮毛裁制开始，道道工序都有讲究：配活儿要求毛的倒向要一致、毛的长短粗细密度要一致、毛的颜色软硬要一致，裁制皮毛时如顶刀、人字刀、月牙刀、梯子刀、斜刀、弧形刀、直刀、鱼鳞刀等种种刀法千变万化、应用灵活；缝制时要求顶子圆、吃头均、缝头匀，蒙皮面都要缝对缝、十字平、勾扇、翻帽、串口等工序、要求不一而足。

比如硬胎三块瓦皮帽十分费工费事，如果不按工序制作，生产出的帽子不是戴上不舒服，就是帽胎变形。制作三块瓦皮帽的帽胎，一律使用新棉花，缝制后，要用棕刷子往上抹浆子，而且要把浆子透进胎里去。抹完浆子要放进火箱里烤，出火箱后还要用红烙铁熨，要把帽胎熨熟了。

浆子 即浆糊，是用面粉或淀粉加水熬制为糊状。浆糊具有一定的黏稠度，多用于纸张、布料或物品的粘合。以小麦淀粉为原料，所制得的糊性质较稳定，而煮糊温度以不超过80度为佳。

■ "盛锡福"制前进帽

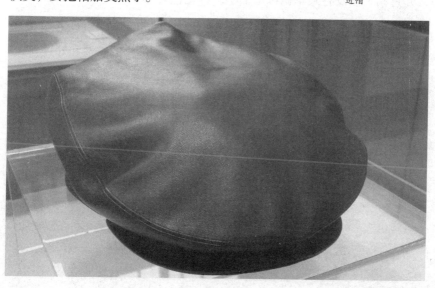

"熟"是制帽业的一句行话，就是外观微黄，帽胎既硬挺，又绵软。这样，戴上后不仅舒适，帽子还不会变形。之后用一层豆包布包起，豆包布附上皮面。这还不算完，还要进一次烤箱烘烤。这种制法是天津"盛锡福"总号的传统制法，小帽作坊必须按此工艺进行，丝毫马虎不得。

由于"盛锡福"的帽子质量好、式样新，所以从1924年到1934年10年间共获得当时各级政府颁发的奖状15个。一些社会名流曾为"盛锡福"题写书额。后世一直用吴佩孚书写的"盛锡福"牌匾。

在1929年菲律宾举办的国际博览会上，"盛锡福"的草辫和草帽获得了头等奖，在东亚地区属草帽业之冠。

到了新时代，"盛锡福"走上一条为全社会服务的新路，开创了前店后厂集产、供、销为一体的全新产销模式。"盛锡福"的员工们心里装着"大众"2字，勤于动手，善于动脑，在一个不太长的时间里，各种帽子的品种激增200多种，像青年人喜爱的"羊剪绒帽"，适合中老年人的"长毛绒帽"，女士们戴的"针织帽"，多姿多彩的"儿童帽"以及各式草帽都增加了多种花色。

还开展了"自料加工""选料加工""旧帽翻新""特大特小定制""残疾人特制"等多项便民服务业务。受到广泛的欢迎和好评。

阅读链接

"盛锡福"品牌的创立，和刘锡三所处的历史机遇相生相随；与刘锡三的创新精神、创新意识水乳交融；与"盛锡福"的前店后厂结构密不可分。

想当年，许多人剪去长辫，摘下瓜皮小帽，脱去长衫之后都想换上适合潮流的新式服饰、鞋帽。富于革新精神的刘锡三，看准社会潮流，向社会推销欧美式的"时帽"。"盛锡福"仿制的轻巧美观的巴拿马草帽和英、法、美式呢帽，自然受到人们的欢迎，成为当时的畅销货，"盛锡福"因此在帽业中脱颖而出。

遐迩闻名的沈阳内金生

"头顶庆丰润，脚踩内金生"，这是过去形容老沈阳人的打扮，一头一脚都是精品名牌儿。

沈阳庆丰润记帽店始建于清咸丰年间的1914年，店址在城内四

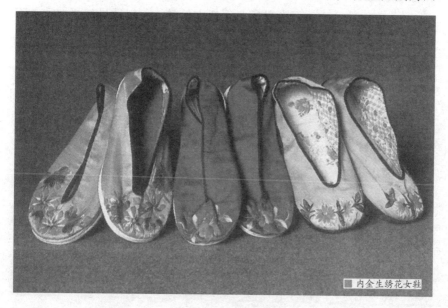

内金生绣花女鞋

■ 康熙皇帝塑像

百年老号

百年企业与文化传统

闯关东 我国历史上著名的人口大迁徙，有广义的与狭义的两个概念。有史以来山海关以内地区的民众出关谋生，皆可谓之"闯关东"，此为广义。狭义的仅指从清顺治以后山东、河北、山西、河南及皖北、苏北等地的百姓去关东谋生的历史。

平街钟楼老稻香村旧址处，它所制作的帽子质量好、信誉高，在民间极受欢迎。后来与内金生合并，成立"内金生鞋帽店"。

在当时，由闯关东来的河北人康豫州、王中和、何焕庭之母何氏与梁品三等人合资，店名最后敲定为"内金生"，取意"店内生金"与"鞋内生金"。前者求自己生意兴隆，后者是为买鞋的主顾讨个吉利，同时满足了买卖双方的心理。

果然，这个名字一经推出，想被人忘记都难，加之股东康豫州本就是个鞋业的行家里手，精明强干能言善辩，他力主经营鞋店必须树立信誉，材料质量都要上乘，不久"内金生"就站稳了脚跟。

"内金生"的品牌一炮打响，口碑出来了，演绎的传说也跟着不胫而走，坊间最传奇的是关于"内金生"三字的获得，竟然一下子攀到了早年间清康熙皇帝的头上。

传说清康熙微服私访，第一次东巡来到沈阳，在祭祖过程中，乘兴微服到中街，看到一家店铺既没匾额，也无楹联，里边老两口正在做鞋。

康熙调皮地问这老两口："我想买双靴子，可没带钱咋办？"

两位老人都是厚道人，异口同声地说："到这买靴子是看得起我们，你尽管拿去穿好了，什么钱不钱的。"

这下子康熙受了感动，便以写一副楹联作为报酬，上联是"大鞋楦小鞋楦打出穷鬼去"，下联对"粗麻绳细麻绳引进财神来"，横批"店内金生"。写完之后，康熙皇帝还盖上印章，此后，老两口就将店名改叫"内金生"。

无论这传说是因内"金生成"名而起的，还是鞋店取名时用到了这传说中的创意，都不得而知，但不得不承认，这是一种高明的营销策略，既创造了品牌，又利用康熙皇帝的权威树立了鞋店诚信的形象。

事实也真是这样，据说如果在内金生买鞋时有时候顾客的钱不足了，但凡说在明处，少给几个零头同样可以把鞋拿走，以至于在货币贬值的那段时期，有

楹联 即对联，汉族传统文化之一，又称对子，是写在纸、布上或刻在竹子、木头、柱子上的对偶语句，对仗工整，平仄协调，是一字一音的中文语言独特的艺术形式。对联相传起于五代后蜀主孟昶。它是我国汉民族的文化瑰宝。

■ 虎头鞋

了这样的说法："把钱存到银行里，不如买内金生的鞋合适，钱毛鞋不毛。"

与衣帽等不同的是，鞋子除了追求样式的审美功能外，更是一个易耗品，而且我国古人一直看重对足的保养，所以鞋子的耐磨性与舒适度更是衡量鞋子的关键。

■ 古代做鞋泥塑

内金生鞋店对他们所制作的鞋子，其要求达到了十分苛刻的地步：

> 纳鞋底规定……方寸49针，即每寸7针，每行7针；上鞋规定，每寸针码三针半，一个套上一针，不许套甩；上完的鞋，必须前后周正，前冲与后跟必须高低一致，成品须达到里白外净。

僧鞋 又称"罗汉鞋"，是用布料做的。这种鞋子的鞋面尖部，是用三片布条排列缝牢，鞋帮缝缀一些方孔，和最初僧人的"芒鞋"的式样差不多。据说这种鞋子是寓有教人看破一切的含意。

流程规定如此之细致，最大限度地避免了手工艺者在制作过程中的人为失误。可想而知，这样细细缝制出来的鞋子，成品出来连个线头都不会被留下，可见制作者之细心程度。

此外，对于制鞋原料的选择，商家也是优中选优。比如，鞋面是当时英国的名牌"荣泰牌"的头号、二号纯毛礼服呢，俄国"青平呢"，日本"司马相如牌"，鞋底料选用进口的三色牛皮、香港法蓝皮等。其他所使用的国内材料，也都是精挑细选的软缎、白毡，纳鞋底选用大麻制绳，糨糊都是用"绿兵船"牌的上等面粉。

这样的"内金生"鞋子，既美观又舒适，自然大受欢迎，很快就迎来了自己的最初销售高峰。

"内金生"的康老板也没闲着，继续开拓市场，丰富自己的商品品种。为了增加花色、样式，鞋店特意生产了少数民族鞋、戏剧鞋、僧道和尼姑用的僧鞋。仅以女士鞋为例，他们就分别制作了未缠足的女士所穿的分平足鞋、缠足的女士们所穿的尖足鞋，以及特意给那些曾经缠足后来又放开的女士们所穿的放足鞋三种。

市场细划如此，让人不得不感慨，一来商家的确细

■ 三寸金莲绣鞋

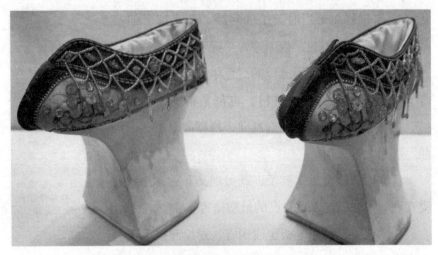

百年老号

百年企业与文化传统

■ 清代绣花花盆底鞋

蒙古靴 蒙古族
传统皮靴。靴头
尖而上翘，靴体
宽大，以便在靴
内套裹腿毡、
棉袜、毡袜、包
脚布等，裹腿毡
露出靴筒外约两
寸。靴面不同部
位，以贴花、缝
缀、刺绣等工艺
装饰各种花纹、
图案，穿着舒适
保暖。骑乘时，
能护腿、护踝，
便于行走。能踏
沙、踏雪，又可
防虫、防露。

心琢磨了，二来当时的一双双鞋子大概可以做成一个小型的博物馆了，这些，足以反映当时的时代风貌了。

"内金生"鞋店在大部分的历史时刻中，都是熙来攘往、顾客盈门的，甚至曾经达到日产量200双的数字。1928年，康豫州病故，接任者是原来的二老板、外号"三个大"的王中和。

王中和个儿大、脑袋大、眼睛大，"三个大"由此而来，此人善于言谈，有魄力，人缘也好，时年二十七八岁，正是年富力强的时候。

在王中和的力主下，"内金生"拆了原来的平房，盖起了三层小楼，并跟房主约定好，产权仍归房主所有，"内金生"拥有承租权，建房费从租金中扣除。当时房主可以任意决定是否租房以及是否增加租金，承租方只能被动接受，而这个约定，对于房主来说可以不出钱得到新楼房，对于"内金生"来说可以免除十来年内"被搬家"的困扰，这是一个一举两得的决定。

就在新楼建成开业前，王中和想出了一个买鞋"挂彩"的新办法，顾客买鞋时会在鞋内找到一个随机的纸条，上边写着什么彩号顾客就可以到柜台去领取什么赠品，张张都有，不过分大小奖而已，也算中奖率百分之百。

这个办法不需要印刷，也不用专门发行，成本很低，又合乎经济原则。据说有一回一个农民只花了7角5分钱买了一双鞋，中彩却得到了价值10多元的挂钟，一下子全城轰动，顾客蜂拥而至，买鞋之意全为了中奖。

赠彩号毕竟这只是一时之计，王中和这个营销高手，此后又提出了"三包"的概念，即"包退、包换、包修"，"只要鞋底断折、开帮绽线，无论何时买的都按三包处理。"

王中和老板果然有"王者"的经营之道，好大的气魄。难怪当年张作霖的五姨太、张学良以及东北军的官绅名流纷纷来此光顾，最后甚至闯进了溥仪的长春"皇宫"，也就不足为怪了。而且东北蒙古族人很多，蒙古靴销路也非常好。

为了满足特殊消费者的需要，"内金生"后来还承做特大特小、特肥特瘦的畸形鞋，于是知名度大大提高。

"内金生"经历了很多坎坷遭际，直到进入公私合营的行列。虽然几度兴衰，但"内金生"始终保持了"信誉第一、顾客至上、货真价实、童叟无欺"的优良传统。

在新的历史条件下，"内金生"鞋帽店根据市场的变化，增设了一个针织商品门市部。还充分利用前店后厂的有利条件，按照传统的手工艺操作，先后增加了各式中档线呢塑料底男圆口鞋、冲服呢鞋、平绒女单口带鞋、平绒塑料底舌鞋等产品。其中的一些产品被评为"辽宁省优质名牌产品"。

春光和煦的嘉兴正春和

正春和布店是嘉兴一家闻名遐迩的布店，它和五芳斋粽子店、陆稿荐酱鸭店一起构成了嘉兴赫赫有名的三大老字号商店。

正春和布店的创始人叫张正熙，1887年生于嘉兴乡下油车港，父

■ 古代织布机

■ 布店场景

母都是老实巴交的农民，兄弟姐妹七人，张正熙排行第四。

张正熙12岁时，家里穷得吃了上顿没下顿，父亲只好带他到南汇填上一家制帽的手工作坊当学徒。作坊老板黄春生和张正熙是远亲，黄春生对张正熙的父亲说："这孩子又瘦又小，怕干不了什么活，别人学徒工是三年，他恐怕要延长到四至五年才能满师。"

张正熙的父亲点头满口答应："只要有口饭吃不饿死就行了，要不实在是没有办法养活他。"

张正熙天生聪颖，悟性很高，两年后就能单独做帽子了，黄春生看了很喜欢，三年后给他按时满师了。黄春生见他聪明伶俐有意培养他，学徒工满师后就经常带张正熙去江浙一带推销帽子，一方面推销帽子，另一面进一些做帽子的原料，空下来还教他识字和学算术。

嘉兴 地处东南沿海，当钱塘江与东海之会，揽江、海、湖之形胜，素有"鱼米之乡""丝绸之府"之称。是马家浜文化的发祥地。春秋战国时期就是吴越争战之地，有吴根越角之称。秦至明代，嘉兴已有"江东一大都会"之美誉。

■ 布店场景

由于张正熙的勤奋好学，所以进步很快。这些年跟着黄春生，不但增长了见识，而且有空时还识了一些字，有了一点文化。

一转眼张正熙20岁了，看上了黄春生家中的丫环陈宝来。黄春生满口答应，并由黄春生出钱把他们的婚事给包办了。张正熙心怀感激，干起活来也更加卖力了。

黄春生把张正熙当成自己的儿子看待，把进货的权力全部交给了他。张正熙经常奔波于上海、杭州和湖州一带，一面采购一些原材料，一面在市面了解行情，并注意帽子款式的变化。

张正熙很会做生意，他外出采购制帽用绸缎原料时，每次都多购进一些绸布，把多余部分转售给左邻右舍，最后索性做起丝绸生意。

看到张正熙这么有经营头脑，会做生意，黄春生对他更加器重了。又是三年过去了，张正熙24岁了，已是有一双儿女的父亲了。此时的他也有了一点积蓄，人也更加成熟老练了。于是张正熙决定自己出去到嘉兴市里去闯一闯，他向黄春生辞职，并向他借了一些钱。

黄春生虽然心里十分惋惜，但还是同意他去闯一闯，借给他500两银子，对他说："去吧，做得好不要忘记我，做得不好就回来，我这里永远是你的家。"

张正熙含泪告别黄春生，只身来到嘉兴城，单独做起了丝绸生意。张正熙虽然没识几个大字，但他的心算特别好，客户刚刚报出生丝的卖价和斤两，他马上把多少钱给报了出来，比当时算盘熟练的人还快。

张正熙聪明能干，吃苦耐劳，不过三四年时间果真做丝绸生意发了财，在市中心张家弄开了家"张记"绸缎庄，这就是正春和布店的前身。

张正熙认为，未来国人的衣着将趋向洋化，棉布零剪业务前途无量，生意稳当，利润丰厚。于是筹集股金6000两银子，同恩师黄春生、豪绅周和富和律师郭德才3人合股1.2万两银子，于1915年合股开办了"正春和"布店，张正熙兼任董事长和经理。正春和布店的名字取之于张正熙、黄春生的周和富3个人名字中的中间一个字。

算盘 我国使用的一种计算用具，已有2600多年的历史。算盘为长方形，周为木框，内贯直柱，俗称"档"。一般从九档至十五档，档中横以梁，梁上两珠，每珠作数五，梁下五珠，每珠作数一，运算时定位后拨珠计算，可以做加减乘除等算法。

■ 布店场景

■ 布店场景

百年老号

百年企业与文化传统

张正熙之所以采用股份制形式，除了要筹集资本外，自有他另一番道理。

黄春生是他的启蒙恩师，可以说没有黄春生就没有张正熙的今天，邀他入股是为了报恩；周和富是嘉兴市殷实的南货店老板，资金有好几万元，家中田地房产俱全，他还是嘉兴市的商会常委，一个很有影响力的人物，张正熙邀他是借他的名望；郭德才是律师，邀他入股，不仅使正春和有了法律上的免费顾问，更为重要的是他官场路子通，好办事。

正春和布店在张正熙的努力下终于在嘉兴的北大街站稳了脚跟。没过多久，张正熙就在嘉兴造了房子，把全家人和年迈的父母接到了嘉兴居住，把3个孩子带到嘉兴上学，把两个哥哥安排在自己的店里做事。

开业不久，张正熙就在店里约法三章：一是童叟无欺，言无二价；二是货色齐全，质量上等；三是和气待客，方便顾客。

张正熙进货不怕价钱高也要进上等产品，他派他的哥哥张正功常驻外地收购各种布匹，有日本和欧洲各国进口的花素洋布。也有苏州、杭州的丝绸纱罗，还有进口的呢绒等洋货。

商会 商品经济的必然产物。一般是指商人依法组建的、以维护会员合法权益、促进工商业繁荣为宗旨的社会团体法人。商会法律特征是互益性、民间性、自律性、法人性。商会是商人身份确立的过程，也是商人组织有序化的过程。

正春和讲究做买卖要"和气生财"，顾客进门不论买多买少，买与不买都是热情接待。当时店堂里没有拦柜，摆着八仙桌和椅子，各种花素布匹和绸缎都整齐摆放在四周的货架上。

顾客进门，站柜的伙计主动地笑脸相迎，向顾客打招呼，请顾客坐下，学徒的献茶、点烟。而后才问："您打算用点什么，做衣裳还是做被褥？"

顾客要看商品，由学徒的给取来请挑选，不合适再让学徒的去取。不管顾客挑选多少次，伙计都是和颜悦色，不许露一点不耐烦。顾客买与不买，走时伙计都要送到店门口，并说："您下次来。"

正春和做买卖一切都给顾客提供方便，营业时间，从太阳一出来就开店门，到晚上七八点才关店门。遇顾客买得多或是老主顾光临，都可派学徒送货到家。

开张头几年，正春和布店的生意非常好，五年间

八仙桌 指桌面四边长度相等的、桌面较宽的方桌，大方桌四边，每边可坐二人，四边围坐八人，犹如"八仙"，故民间雅称八仙桌。八仙桌至少在辽金时期就已经出现，明清盛行，尤其是清代几乎家家都有八仙桌，甚至成为很多家庭中唯一的家具。

■ 布店场景

布店布匹

资产翻了两番。

在当时，由于棉布业的生意好，利润空间大，而进入的门槛又相对较低，因而吸引了大量民间资本，嘉兴市面上一下子新开出了十多家布店，最多时嘉兴的大小布店达32家之多，比较有名气的有正春和、绸大祥、永瑞、兴绸华、义昌福等。

由于嘉兴市面上布店一下子开得太多，布店之间的竞争加剧了，正春和布店生意比前几年有所下降。张正熙为了生意兴隆，带着两个哥哥一起来到上海的一些大布店去考察暗访，看看他们是如何做主意的。有时他故意买点布，目的是向同行取经。

回来后，张正熙把上海布店的一些好的方法在自己的布店中推广。如在包布用的牛皮纸上涂上蜡以防止布被雨淋湿，在包布用的牛皮纸上做广告。在包布纸上做广告的办法效果好，顾客买了布之后正春和布店的广告随着包布的纸流向四面八方。又如将上海"老介福"布店的"十尺加一"的方法用在正春和布店里。

所谓"十尺加一"，就是给顾客量布时，每10尺加放1尺，顾客花10尺的钱能买11尺布。这种让利在当时太过突出了。此法一经使用，立刻吸引了好多顾客，生意一下子火起来了。

张正熙在暗访观察时还发现，上海的一些布店很讲究做买卖，掌握顾客心理。将一些大宗布匹，如普通白布，每尺的售价定的比市价稍低，所以，顾客都以为这家布店的布便宜。张正熙在正春和也采用了这种方法，即对于敏感的大路货都是明码标价，正春和的店堂中挂着一块"商品行情"牌，在上面将店中的主要商品都写明每尺价钱。

但是，对大多数不敏感的商品则采用了上海一些布店的暗码做法，即在每种布匹的尽头上都系着一小布条，上面写着只有本店人才知道的"暗码"。

这种暗码表示卖出布的价格，如，"得"表示一，"承"表示二，"海"表示三，"经"表示四，"后"表示五，"叟"表示六，"苟"表示七，"友"表示八，"欠"表示九，"炒"表示零，炽表示一块大洋。比如，"海炽后"表示这匹布的最低价格是3元5角。这种用暗码标价，是防同行业者来刺探商情，这是商战的一种手段。

随着棉布市场竞争的加剧，张正熙觉得自己文化水平低，能力有限，擅长经营而不擅长管理。当得知"乾坤洋货号"的掌柜张怀宗是个管理人才时，就想

大路货 指的是市场上价值、品质关系比值最一般的产品。所谓的"最一般"，主要是指其合理性。大路货不是指劣质货，其内涵是指服务于大众的产品，即质量一般而销路广的货物。

■ 布店场景

办法把他"挖"了过来。

张怀宗上任后，果然施展了自己的才华。他在店里实行"洋号工资制"，即逐日记录营业员的销货金额，累积到月底总结，以积分多少作为工资、奖金的依据。他所订的"店员规则"多达六七十条，内容包括工作规程、奖惩办法、生活福利、人事及升级考核、保卫章则等，可谓面面俱到。

张怀宗还将全店绝大多数职工都从事销货，而其他工作则作为兼职。营业员收入销货款没有传票，只凭自己结算，收到货款交账或将销货数量、单价金额写入"流水簿"。由于销售手续简化，一个营业员同时可接待三四个顾客，大大提高了工作的效率。

为了提高竞争力，张怀宗向张正熙提出根据市场需求，自行设计花型、规格，直接向工厂定织、定染，并向纺织厂投资参股，以操纵工厂经营大权。

张怀宗提出的经营方法是"人无我有，人有我好"，即别人没有的东西我有，别人有的东西我的东西比别人好，或者价格比别人低。

由于管理得当，资金雄厚，备货充足，花色齐全，店堂宽敞，既可陈列大量商品，又可容纳大批顾客，加上五花八门的经销手段，因此，正春和在张怀宗的精心照料下逐渐在嘉兴独占鳌头。

阅读链接

正春和布店注重广告宣传。1924年的秀州中学校刊《秀州钟》中有"正春和"的繁体字广告："本号开设在北门大街已历二十余年。"广告中还介绍了"正春和"经营的布料品种。1947年出版的《嘉兴导游》小册子封底也有半页是"正春和"的广告："到嘉兴而未游烟雨楼，说不出鸳湖之胜景；剪绸布而不跑'正春和'，看不到花色的繁多。"

当时的正春和可以说是那个年代的潮流引领者，吸引了来自嘉兴各地及周边的人，平时店里总是人山人海的。

中医药是中华民族文化的瑰宝，是我国劳动人民通过长期的生产生活实践而总结出来的治疗疾病的经验。中医药不但为中华民族的繁衍生息做出了不可磨灭的贡献，而且对世界医学也产生了巨大的影响。

说到中医药堂，过去常说"北有同仁堂，南有庆余堂"，也曾有四大中药房，即北京同仁堂、杭州庆余堂、汉口叶开泰、广州陈李济。其实，全国比较著名的、历史悠久的老字号中药堂大概有20家。这些老字号中医药堂都是中华民族的一颗颗璀璨明珠。

杏苑春风

医药老号

中华养生第一家鹤年堂

　　北京鹤年堂成立于明永乐年间的1405年，是由元末明初著名回回诗人、医学养生大家丁鹤年创建的。鹤年堂原址坐落在北京菜市口大街铁门胡同迤西路北，骡马市大街西口，与丞相胡同相对，与回民聚

■ 老照片中的鹤年堂

居的牛街相邻。

鹤年堂是真正的"老北京"，它比故宫和天坛要早15年，更要比地坛早125年，可以说是北京最早的老字号了。

大诗人丁鹤年，号友鹤山人，博学广文，精通诗律，是元末明初很有影响的诗人，有《丁鹤年集》传世。《元西域人华化考》中记载："萨都剌之后，回回诗人首推丁鹤年。"

■ 丁鹤年雕塑

丁鹤年也是一位养生大家，出生在元代皇封贵族，世代精通回汉医学和养生学，其祖父曷老丁以"善药食、长乐饮"而闻名于大都。丁鹤年幼承家风，勤于研究，深得回汉医药之精髓，养生之真谛。

丁鹤年虽是风雅之人，但历经磨难，目睹了战乱中人民生灵涂炭，瘟疫肆虐，疾病横行，到处是受疾病折磨和夭折的百姓，加之自己父母的早逝，更让他坚定了"不为良相只做上医鸿儒"的志向。他所到之处，均以教书行医为生，而且积累了许多民间验方、丹方，收集了许多民间中草药。

丁鹤年在一路行医治病的同时，游历名山大川，拜访名人圣士，谈诗论道，切磋易理，探讨养生之法。他在《奉寄九灵先生四首》中写道：

萨都剌（约1272—1355年），元代诗人、画家、书法家。字天锡，号直斋。泰定年间进士。授应奉翰林文字，累迁江南行台侍御史，左迁淮西北道经历，晚年居杭州。萨都剌善绘画，精书法，尤善楷书。有虎卧龙跳之才，人称"燕门才子"。

秘方 我国古时候称为"禁方"。指秘传而不公开的药方。我国民间流传有不少"祖传秘方",这其中不乏行之有效甚至药到病除的奇方、妙方。严格地讲,祖传秘方是中医学发展过程当中遗留下来的形成一种宝贵的文化遗产,是我们的国粹之一。

清泉白石两悠然,仙隐何妨日似年。

颇厌文章妨大道,却从奇偶玩先天。

云间犬砥烧丹鼎,雨里龙耕种玉田。

终岁不闻城府事,闭门闲著养生篇。

其"奇偶"即指阴阳,"先天"指《易经》。他专心研究中医学的核心理论"阴阳学说"的真谛,通过总结自己的医疗实践经验分析阴阳理论对人们养生之道指导意义,并逐步有了自己独到的理解和认识,这就使他打下了深厚的中医药理论功底。

丁鹤年擅长中药的炮制之法,在处方的炮制上推陈出新,独辟蹊径,富有创造性,所以他留传下来的不少古方、偏方、秘方,都很有实用价值,与社会上所流传的一般配方不同。

丁鹤年行医于战乱,因此所接诊的患者很多为战乱中所得外伤、瘟疫流行中传染所得的瘟病和因长期饥寒交迫所得的虚衰之症,使他在这几个方面的实践经验更加丰富,从祖传的验方中发展而来的刀伤药、愈骨散、辟瘟汤等用于治疗和预防效果更加显著,种类也更丰富。这些都为他创办鹤年堂,开创独具特色的鹤年

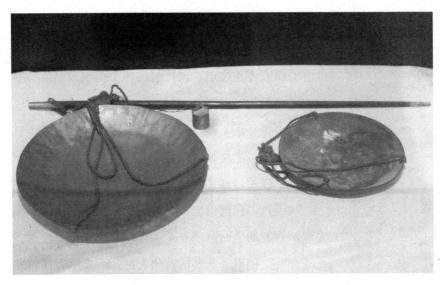

■ 鹤年堂铁秤

堂养生理论打下了基础。

丁鹤年多年研习养生之法不辍，天下基本安定之后，他年轻时想做"上医鸿儒"之志得以施展和实现。于是，他在1405年历游北京时，在回回人聚居地牛街附近的菜市口，创建养生药馆，并以自己的名字命名"鹤年堂"，内含《淮南子·说林》中"鹤寿百岁，以极其游"的意思，同时也取汉族民俗"松鹤延年"之意。表明了他开办医药铺的目的就是要让人们健康长寿，更好地享受生活的美好。

丁鹤年以70高龄开办鹤年堂，既体现出他作为一代诗人特有的激情豪放，也饱含儒学之士命忧天下之风骨，有着强烈的大丈夫当做以兴天下的大事而流芳百世的追求。

丁鹤年作为中医药养生大家开办鹤年堂，悬壶济世，以医术救助苍生，为天下人解除病痛，也使自己名留千古。

《淮南子》 又名《淮南鸿烈》《刘安子》，是我国西汉时期创作的一部论文集，由西汉皇族淮南王刘安主持撰写，故而得名。该书在继承先秦道家思想的基础上，综合了诸子百家学说中的精华部分，对后世研究秦汉时期文化起到了不可替代的作用。

戚继光（1528—1588年），字元敬，号南塘，晚号孟诸，卒谥武毅。山东登州人，明代杰出的军事家、民族英雄。戚继光在东南沿海抗击倭寇十余年，扫平了多年为虐沿海的倭患，确保了沿海人民的生命财产安全；后在北方保卫北部疆域的安全，促进了蒙汉民族的和平发展。

虽然丁鹤年因种种原因只亲自掌管鹤年堂三年就交由儿子传承，自己回到故土杭州为母守孝17年，但他静心研究养生之道，虽已过古稀，仍鹤发童颜，直至90岁高龄而鹤寿西去。

明嘉靖年间，鹤年堂曾相继开设5家分号，遂有"五鹤朝天"之称，老店作为总店仍在菜市口原址，大学士、权相严嵩之子严世藩题匾"西鹤年堂"。

戚继光是我国历史上著名的民族英雄，据说当年为保护百姓的生命财产安全，曾率戚家军奋力抗战，九战九胜，创下了著名的台州大捷。但戚继光回到北京后，最先拜会的地方竟是鹤年堂。

原来，在一场残酷的战役中，大量戚家军受了刀枪之伤，再加上南方沿海的湿热气候，戚家军辗转各地奋战，时时的受到瘟疫的威胁。

紧急关头，鹤年堂率先为戚家军送去了精制的"白鹤保命丹"等急救药、刀伤药及"辟瘟药"，这些药不仅挽救了许多将士的生命，而且也为戚家军保驾护航，解除了他们的后顾之忧。

为了表示感谢，戚继光后来专程登门拜访，写下了"调元气""养太和"的匾额送给

■ 戚继光雕塑

鹤年堂。鹤年堂正堂之上的"拮披赤箭青芝品，制式灵枢玉版篇"的匾额，正是戚继光的亲笔作。

■ 养生药膳鸡汤

在长达几个世纪的历史长河中，出自御医之家的鹤年堂，对中华传统医药进行了孜孜不倦的追求，并以医术精湛、药力独到、养生有方名噪海内外，更成为历代医家妙手施乾坤的殿堂。

在民间，素有"丸散膏丹同仁堂，汤剂饮片鹤年堂"的美誉。明代名臣杨椒山盛赞鹤年堂的楹联"欲求养性延年物，须向兼收并蓄家"亦流传至今，寓意在鹤年堂名医会聚、名药云集，名方荟萃。

鹤年堂经历代发展，已经挖掘整理了108种药膳、138种药粥、36种药酒、82种药汤等，其中绝大部分来自宫廷秘方和民间验方，组合成益寿药膳、滋补肺阴药膳等不同系列产品，像明嘉靖年间的"长生不老鹤年春酒"、明万历年间的"秘制鹤年四宝酒"等，都是鹤年堂独有的产品优势。

杏苑春风

医药老号

阅读链接

在新的历史时期，鹤年堂充分发挥中华老字号的优势，溯根源、挖祖方、重文化、求创新、树品牌，大力弘扬五千年中医药养生文化，开始了二次创业的历程。

鹤年堂已发展成包括鹤年堂医药有限责任公司、鹤年堂中医药养生研究院、鹤年堂中医门诊、老年病防治中心、鹤年堂科技发展有限公司、鹤年养生品牌推广项目管理机构等以中医药产业为龙头、以养生保健项目和产品为主，具有集团优势的综合性健康养生产业集团的发展之路。

誉满神州的北京同仁堂

康熙皇帝画像

　　1669年，清康熙皇帝16岁时得了一种怪病，宫中御医把所有的名贵药材都用遍了，就是不见病情好转，他一怒之下停止了用药。

　　这天康熙独自出宫微服夜游，来到一条街上，发现有一个小药铺。此时已是夜深人静，小药铺里却灯火通明，还听到那里传来琅琅的读书声。

　　康熙心想：宫中御医无一不是些庸才，没什么真本事，真正的人才还是在民间。自古道：小药铺内有人参。我何不来这里看看？于是，便上前敲门。

　　进屋后，康熙见一个40多岁的人

正在烛光下夜读，猜想他一定是这小药铺的郎中了。郎中见有来客夜访，便问："阁下深夜造访有何见教？"

康熙说："深夜登门，多有冒昧。只因我得一怪病，浑身发痒，遍体起红点子。不知是何原因？请了好多名医都没有看好，先生能不能给看一看？"

郎中说："好，请你脱去上衣，让我看一看。"

■ 古代中医看病蜡像

康熙脱去上衣，郎中只看了一眼便说："阁下不必担心，你得的不是什么大病。只是你平日吃山珍海味太多了，再加上长期吃人参，火气上攻，因此起了红点子，以致发痒。"

康熙问："此病能根治吗？"

郎中很肯定地说："不难。只要用些药就会好的。"说着，便伸手抱起木架子上的一个罐子，铺开一个包袱，把罐子里的药全部倒出来，足有七八斤重。

康熙不觉一愣，说："先生，这么多药，我一次要吃多少才行？"

郎中笑道："这是大黄，不是让你吃的。你拿回家去，用这8斤大黄，煮水百斤，放入缸内，等水温适中，便入缸洗浴，少则3次，多则5次，即可痊愈。"

康熙心想：宫中御医那么多奇方妙药都不管事，莫非他这不值钱的大黄能治好我的病？

大黄 是多种蓼科大黄属的多年生植物的合称，分布于陕西、甘肃东南部、青海、四川西部、云南西北部及西藏东部。也是中药材的名称。在我国"大黄"指的往往是马蹄大黄，主要作药用，气清香，味苦而微涩，嚼之粘牙，有砂粒感。具有攻积滞、清湿热、泻火、凉血、祛瘀、解毒等功效。

■ 同仁堂行医绘画

郎中见康熙面有疑色笑着说："阁下请放心，我决不会讹你钱财，这药你先拿去用，治不好病，我分文不收。"

康熙说："好，若能治好我的病，定有重谢。"

康熙回到宫中，按郎中所嘱如法洗浴。果然，他下到浴缸中，顿时觉得浑身清爽、舒服，妙不可言。连洗3遍后，竟然全身不痒，再一细看，身上的红点子一个也没有了。

康熙十分高兴，第四天又微服来到小药铺。郎中一见康熙面带笑容便知他的病全好了，于是故意说："阁下今天是送药钱来的？"

郎中接着哈哈大笑起来，说："见笑了，那天晚上见你半信半疑，我才故意说治不好病分文不收，如今病治好了，还是分文不收。我见你气宇非凡，只想跟你交个朋友罢了，还未请问阁下尊姓大名？"

康熙一笑："学生姓黄，字天星，乃一介书生。"

郎中一听高兴地说道："我叫乐显扬，也是穷书生。父亲立志让我金榜题名，光宗耀祖，可谁知天不遂人愿，多次名落孙山，如今只好在京城开一个小药铺一面行医，一面攻读希望有朝能来个鱼跃龙门。"

康熙说道："乐兄，常言说，榜上无名，脚下有

郎中 本是官名，即帝王侍从官的通称。其职责原为护卫、陪从，随时建议，备顾问及差遣。战国始有，秦汉治置。后世遂以侍郎、郎中、员外郎为各部要职，而"郎中"作为对医生的尊称始自宋代。

路。依你高超的医术，我可以力荐你进宫担任御医，岂不是鱼跃龙门了吗？"

乐显扬笑了笑说："你错了。我以为，行医者应为普天下的百姓着想，为他们排忧解难。进皇宫当御医，尽管享尽荣华富贵，可不能为天下老百姓治病，非我所愿，医有何益？"

康熙一听，不禁说："乐兄的德才令我佩服之至。仁兄，请恕我直言，既然你屡考不中，何不安下心在医道上大展前程？"

乐显扬说："我也是这么想呀，只是行医也非易事，我没有这么多的本钱，空有凌云之志，也难有大的发展前程。老兄你若日后发了大财，资助我一把，帮我建一座大药堂，也算我没有白给你看一次病。"

康熙一听毫不犹豫地说："若真要建药堂，叫什么名字好呢？叫同仁堂吧，你看这个名字怎么样？"

乐显扬见他当真，便笑着说："刚才我是一句玩

名落孙山 指考试者或选拔者没有被录取。相传苏州有一位说话诙谐风趣的才子叫孙山，有一次同乡人托孙山带他儿子一同参加科举，同乡之子未被录取，孙山的名字列在榜文最后。孙山回乡后同乡来问他，孙山说道："中举人的名单上最后一名是孙山，您的儿子落在孙山之后。"

091

杏苑春风

医药老号

■ 同仁堂药店

■ 同仁堂制药砖雕

百年老号

百年企业与文化传统

内务府 我国清代独有的机构，职官多达3000人，是清代规模最大的机关。内务府主要职能是管理皇家事务，诸如皇家日膳、服饰、库贮、礼仪、工程、农庄、畜牧、警卫扈从、山泽采捕等，还把持盐政、分收榷关、收受贡品。

笑话，你莫当真。再说建大药堂需一大笔钱，谁知道你何时才能发大财？这是云彩边上的事，远着哩。"

康熙说："眼下不妨试试。"说着从桌子上拿起笔来，顺手写了一张字条，又盖上印章，然后说："乐兄，明天你到内务府衙门去一趟，那儿有我一位朋友，说不定真能管事。"说完，告辞而去。

乐显扬看着匆匆离去的黄先生，心想这还真是个怪人呢。第二天，乐显扬忍不住好奇地拿着字条找到内务府衙门。递上字条不一会儿，就出来一个太监，把乐显扬领进门内，走过一所院子后，又来到一个大屋子前，太监打开屋门，朝里一指说："乐先生，这些够不够你的药钱？"

乐显扬定眼一瞧，不由大吃一惊，只见满屋子全是白花花的银子。他一下子惊呆了。这时，只听太监说："乐先生，万岁爷有旨，你给他看好了病，分文不收，他要送你一座同仁堂，你可以如愿以偿了吧。"

乐显扬这才如梦初醒：原来自己不经意间交的朋友黄兄，竟是当今皇上，真后悔当初自己的荒唐，怎么一点儿也没有察觉出来。

没过多久，一座大药铺拔地而起，取名"同仁堂"。就在乐显扬搬进新居开业典礼之时，令他怎么也没想到的是，康熙皇帝竟亲自前来祝贺，慌得乐显扬手足无措，不知如何是好。

康熙笑着说："你莫要惊慌，你的药钱我可是还上了，下次再看病，你仍得分文不收呀。"康熙还为"同仁堂"亲笔写下"同修仁德，济世养生"8个字。

从此之后，北京城便有了一个很有名气的"同仁堂"大药房。

从开业之初，同仁堂就十分重视药品质量，并且以严格的管理作为保证。后来，创始人乐显扬的三子乐凤鸣子承父业，1702年在同仁堂药房的基础上开设了同仁堂药店，他不惜五易寒暑之功，苦钻医术，刻意精求丸散膏丹及各类型配方，分门汇集成书。乐凤鸣在该书的序言中提出：

> 遵肘后，辨地产，炮制虽繁，必不敢省人工；品味虽贵，必不敢减物力。

这些规定，为同仁堂制作药品建立起严格的选方、用药、配比及工艺规范，代代相传，培育了同仁堂良好的商誉。

同仁堂制药砖雕

同仁堂自1723年开始正式供奉清皇宫御药房用药，历经八代皇帝。历代同仁堂人恪守"炮制虽繁，必不敢省人工；品味虽贵必不敢减物力"的传统古训，树立"修合无人见，存心有天知"的自律意识，确保了同仁堂金字招牌的长盛不衰。

300多年来，同仁堂为了保证药品质量，坚持严把选料关。在过去，北京同仁堂为了供奉御药，也为了取信于顾客，建立了严格选料用药的制作传统，保持了良好的药效和信誉；之后，同仁堂除严格按照国家明确规定的上乘质量用药标准外，对特殊药材还采用特殊办法以保证其上乘的品质。

例如，乌鸡白凤丸的纯种乌鸡由北京市药材公司在无污染的北京郊区专门饲养，饲料、饮水都严格把关，一旦发现乌鸡羽毛骨肉稍有变种蜕化即予以淘汰。这种精心喂养的乌鸡品种纯正、健壮鲜活，其所含多种氨基酸的质量始终如一，保证了乌鸡白凤丸的质量标准。

中成药是同仁堂主要产品，为保证药品质量，除处方独特、选料上乘之外，严格遵守精湛工艺规程也是十分必要的。如果炮制不依工艺规程，或者由于人为的多种不良因素影响质量，就不能体现减毒或增效作用，而且还会影响药效，甚至会使良药变毒品，危害患者的健康和生命安全。

同仁堂生产的中成药，从购进原料到包装出厂，总有上百道工序，加工每种药物的每道工序，都有严格的工艺要求，投料的数量必须精确，各种珍贵细料药物的投料误差控制在微克以下。

例如犀角、天然牛黄、珍珠等要研为最细粉，除灭菌外，要符合规定的罗孔数，保证粉剂的细度，此外还要颜色均匀、无花线、无花斑、无杂质。

同仁堂历经沧桑，金字招牌长盛不衰，在于同仁堂人注重把崇高的敬业精神、把中华民族的传统文化和美德，熔铸于企业的经营管理之中，并化为员工的言行，形成具有中药行业特色的企业文化系统。

"质量"与"服务"是同仁堂金字招牌的两大支柱，坚持质量第一、一切为了患者是同仁堂长盛不衰的最根本原因。

在许多老北京人眼里，同仁堂的命脉就在这个"仁"字上。同仁堂不管炮制什么药，都是该炒的必炒，该蒸的必蒸，该炙的必炙，该晒的必晒，该霜冻的必霜冻，绝不偷工减料。

像虎骨酒和"再造丸"炮制后，都不是马上就卖，而是先存放，使药的燥气减少，以提高疗效。虎骨酒制成后要先放在缸里存两年，再造丸要密封好存一年。

北京人买药，爱进同仁堂；外地人到北京，也爱到同仁堂看看这家老店。后世同仁堂在其开设分店所在的九个海外国家和地区，几乎

■ 同仁堂制药砖雕

都是当地最大的中药店，而且装潢讲究，体现出中华传统中医药文化的气息。比如在我国台北新店里，有不少顾客感言：

> 来这买药，能感受到中华文化的魅力，特别是其中这些历史和文化展区，看起来就像一个中药文化博物馆。

经过多年的发展，同仁堂形成了有"十大王牌"和"十大名牌"等为代表的产品系列，从而赢得了国内外人士的广泛赞誉和青睐。

十大王牌药包括：安宫牛黄丸、牛黄清心丸、大活络丹、局方至宝丸、苏合香丸、参茸卫生丸、女金丹、再造丸、紫雪散、虎骨酒，另加安坤赞育丸、乌鸡白凤丸、十香返魂丹，合称十三太保。

十大名牌药有：乌鸡白凤丸、消栓再造丸、安神健脑液、牛黄解毒片、枣仁安神液、活血通脉片、愈风宁心片、国公酒、骨刺消痛液、狗皮膏。

作为一个生产中药产品的中华老字号，同仁堂将海外开店、中医药史展示、中医坐诊与售药相结合，通过给消费者一个直接了解中药的环境，增强其对中药的信任和用药方法。它带给消费者的不只是一种产品，而是一种文化，重义、爱人、厚生的文化。

阅读链接

若用一句话概括同仁堂的企业精神，那就是：同修仁德，济世养生。同仁堂的创业者尊崇"可以养生，可以济世者，惟医药为最"，把行医卖药作为一种济世养生、效力于社会的高尚事业来做。

历代继业者，始终以"养生""济世"为己任，恪守诚实敬业的品德，对求医购药的八方来客，一律以诚相待，童叟无欺。同仁堂始终认为"诚实守信"是对一个企业基本的职业道德要求，讲信誉是商业行为根本的准则。

江南药王的胡庆余堂

在杭州秀丽的吴山北麓，西子湖畔，坐落着气势非凡、金碧辉煌的古建筑群，这其中就有闻名遐迩的"江南药王"杭州胡庆余堂。它和北京的同仁堂并称为我国著名的国药老店。

胡庆余堂匾额

■ 红顶商人胡雪岩塑像

杭州胡庆余堂是清末著名红顶商人胡雪岩集巨匠、摹江南庭院风格耗白银30万两于1874年创立，整座建筑犹如仙鹤停驻在吴山脚下。

关于创办胡庆余堂雪记国药号的缘由，流传的有多种说法：一种说法为胡雪岩因为老母亲生病抓药受阻，怒而开药号；一种说法为胡雪岩因小妾生病，抓回的药中有以次充好的一两味药，要求更换时遭到药店伙计的抢白，激愤而开药号。

其实，胡雪岩创办胡庆余堂，是他济世怀仁之举。他当时拥有土地1万亩，白银3000万两，为国内首富，产业遍及钱庄、当铺、丝绸、茶叶、军火各业。又因资助封疆大吏左宗棠有功赏加市政使衔，从二品文官顶戴红珊瑚。皇帝并赏穿"黄马褂"，特赐紫禁城骑马。

按清代惯例，只有乾隆年间的盐商有过戴红顶子的。而戴红顶又穿黄马褂者历史上却仅有胡雪岩一人，故成为名噪一时的"红顶商人"。

在我国传统观念中，医者具有崇高的地位。"不为良相，则为良医"，是众多士大夫追求的人生理想，在儒家文化中，有句话被无数人铭记，就是"穷

左宗棠（1812—1885年），字季高，一字朴存，号湘上农人，晚清著名的政治家、军事家、民族英雄。清王朝后期著名大臣，官至东阁大学士、军机大臣，封二等恪靖侯。一生经历了"洋务运动"和收复新疆维护我国统一等重要历史事件。

则独善其身，达则兼济天下。"胡庆余堂的开创与胡雪岩深受杭州悠久的中医文化熏陶，身处乱世而兴济世救人之念有着密切的关系。

胡雪岩一直在计划着开药店的事，他认为创办一家药堂有两点好处：其一，生病的人和到处逃难的人都需要医治，开药店可以行善积德，也容易得到官府的支持；其二，当时全国各地需要大量药品，药店生意大有前景。

在当时，由于战乱、疫病等原因，人口死亡率很高，胡雪岩打定救死扶伤的主意，邀请江浙一带的名医研制出"诸葛行军散""八宝红灵丹"等药品，赠给曾国藩、左宗棠等部及受灾区民众。

胡雪岩在全盛时期开创的胡庆余堂，将他救死扶伤的对象范围扩大到全天下所有的百姓。在胡雪岩的主持下，胡庆余堂推出了14大类成药，并免费赠送辟瘟丹、痧药等民家必备的太平药，在《申报》上大做广告，使胡庆余堂在尚未开始营业前就已名声远播，这正是胡雪岩放长线钓大鱼的经营策略。

胡庆余堂在制药技艺中，也颇具特色。据说，杭州城有个读书人

曾国藩（1811—1872年），初名子城，字伯涵，号涤生，谥文正。晚清时期的重臣，战略家、理学家、政治家、书法家、文学家。是湘军的创立者和统帅者，被誉为"湘军之父"。晚清散文"湘乡派"的创立人。晚清时期"中兴四大名臣"之一。

■ 胡庆余堂内室

■ 胡庆余堂旧址

家贫，发奋读书，金榜题名，却喜极而疯，重演了"范进中举式"的悲剧。名医开出"龙虎丸"配方，寻遍全城药号竟无人敢接。

所谓"龙虎丸"，是一种含有砒霜剧毒的药，必须搅拌得极其均匀，使砒霜在药中的含量分布平均到极点才行，稍不均匀即出人命，而搅拌全凭人工操作。

胡雪岩果断地答应了疯举人，半月内交药。他亲自指导药工搅拌配制，10天后宣布成功。疯举人吃了龙虎丸，疯病痊愈，兴高采烈做官去了。

这一来轰动全城，同行惊问此道，胡雪岩故作神秘，说是桐君神仙托梦传授的，天机不可泄露。日后，胡雪岩酒醉吐真言，"托梦"与"天机"是没有的，是他率领几个药工将掺有砒霜的药粉均匀地摊在筐上，再用拌药棍在药粉上反反复复地，颠来倒去地写着"龙"和"虎"二字，竟写了999遍！

这是一种智慧，搅拌药，太单调，改写字，稍好点；也是一种精神，一种企业精神，更是一种充满智慧的独特的企业文化！

胡庆余堂精心调制的庆余丸、散、膏、丹，济世宁人，古朴中隐现着几分神秘，优雅里蕴藏有文化积

桐君 我国古代早期的药学家。有人认为他是神农时期的人，也有人认为桐君与少师、雷公等人均为黄帝时期的大臣。有关记载桐君的文献最早见于约春秋时期写成的古史《世本》一书中。其后，在历代医籍中也不乏对桐君的追述。

淀。在悠久的历史中，胡庆余堂沉淀的丰富独特的文化，它可以说是我国传统商业文化之精华。

胡雪岩去世后，胡庆余堂曾数次易主，但店名仍冠以"胡"字，"胡庆余堂"信誉声名远扬。

胡庆余堂百年老店经久不衰的法宝之一，其中要数"戒欺"文化最为深入人心。

胡庆余堂崇尚戒欺经营，著名的"戒欺"匾额系胡雪岩1878年四月亲笔所写店训，它告诫属下：

丸、散、膏、丹 中药的四种剂型："丸"指圆粒状的药丸；"散"指研末的药粉；"膏"指外敷的膏药，也指内服煎熬成黏稠的成药；"丹"原指金石药炼制的成药。近代把部分精制的丸、散、锭等也称为丹。

> 凡百贸易均着不得欺字，药业关系性命，尤为万不可欺。

戒欺的理念，涵盖方方面面，反映在经营上，首推的是"真不二价"，即做生意讲诚信，老少无欺，贫富无欺，不能有丝毫掺假。"戒欺"是胡庆余堂以"江南药王"饮誉百余年的立业之本。

胡庆余堂制药遵守祖训："采办务真，修制务精"，所生产药品质量上乘，所以在竞争上提倡货真价实，"真不二价"。"真不二价"的横匾一直悬挂在国药号大厅。

百余年来，胡庆余堂门楼上保留着创始人胡雪岩所立"是乃仁术"4个大字，它表达了胡庆余堂创办药业是为了济世、广济于人。胡庆

■ 胡庆余堂药材

滋补药材

余堂一直铭记这一祖训。

百余年来，胡庆余堂秉宗奋发不断壮大，特别是在后世的经济大潮中高屋建瓴，锐意改革，崇尚科学，不断创新出现了巨大的变化，以名牌产品胃复春片为龙头的一大批高新技术产品，在继承中医药理论基础上脱颖而出，如庆余救心丸、障翳散、小儿泄泻停颗粒、金果饮咽喉片等。

20世纪末，胡庆余堂顺利完成了国企改革，成为杭州胡庆余堂药业有限公司。新的机制，新的观念，新的爆发力，在新的世纪，"庆余"将实现新的跨越。

阅读链接

胡庆余堂著有专书《胡庆余堂雪记丸散全集》传世。继承祖传验方和传统制药技术，保留了大批的传统名牌产品。

胡庆余堂的制药技艺非常独特，保存了一批民间的古方、秘方。企业内身怀绝技、熟练掌握中药手工技艺的药工技艺得已传承，这些都是社会的巨大财富。由于现代技术、气候及强势文化的冲击，胡庆余堂的传统正在面临新的挑战。为此，胡庆余堂投入了一定的人力物力，制订了一个切实可行的保护计划。

历史悠久的广州陈李济

广州陈李济创建于明万历年间的1600年，已有数百年历史，是我国中药行业最老字号之一。

当时的广东南海县人李升佐，在广州大南门已末牌坊脚（广州北京路）经营一间中草药店。一次，李在码头发现一包银两，于是日复

■ 中医药堂陈李济

■ 中药炮制图

何首乌 中药材，生首乌功能解毒、润肠通便、消痈；制首乌功能补益精血、乌须发、强筋骨、补肝肾。相传汉武帝登嵩山封禅，发现卢岩山瀑布附近的村民多长寿，遂问村民，得知此地村民皆食首乌长寿粥，是将何首乌和小黑豆放入从井壁垂满何首乌根的井中打出来的水煮制而成。汉武帝即赐名长寿井。

一日在原地苦候失主，终于原封不动把银两归还失主陈体全。

陈体全感念李的高风亮节，将失而复得的银两半数投资于李升佐的中草药店，两人立约："本钱各出，利益均沾，同心济世，长发其祥。"并将草药店取字号"陈李济"，寓意"陈李同心，和衷济世。"

可以说，没有诚信就没有"陈李济"。陈李济逾百年的木质楹联上就刻载着"火兼文武调元手，药辨君臣济世心"14个字，充满哲理与抱负。历代陈李济人秉承"同心济世"的企业精神，诚信为本，悉心炮制古方正药、创新研发现代新药，推动南药老号生生不息，历久弥新。

作为我国最早建立的制药企业，陈李济能历数百年而一脉相传，其诚信为本、同心济世的宗旨，功不可没；再细究其根本，就在于一个"济"字上。

"济"是给予，是对弱者的扶助，更是目的，是创建者以及一代代陈李济人的追求，也是博大精深的以"仁"为核心的中华文明传统的继承和发扬。

有济世之心，才会坚守古方正药之"正"，那古方正药之"正"，就正在用料必用"天字第一号"的正品一等的地道货：东北的人参鹿茸、化州的正宗橘红、德庆的何首乌、肇庆的芡实、阳春的砂仁，特别是作为镇店之宝的新会正宗陈皮。

有济世之心，就能"工艺虽繁必不减其工，品味虽多必不减其物。"于是，1650年创制乌鸡丸，该产品后来衍生出御用名药乌鸡白凤丸。此后，"追风苏合丸""乌鸡白凤丸""壮腰健肾丸""补脾益肠丸"等享誉中华的名牌产品诞生了。

有济世之心，也就有了蜡壳药丸包装工艺的首创，清康熙年间首创蜡壳药丸剂型，为我国中成药的发展史添上浓墨重彩的一笔。

蜡壳药丸在当时是贵重药品的代名词。岭南天气潮湿，如何防潮湿防霉变防虫蛀，以满足远足人群甚至海外购货的需求？另外，当时的广州已是对外通商的口岸，常有海外香料送到广州。如苏合香丸中的苏合香是地中海盛产的一种芳香树脂，可用作治心绞痛等心脏病，但却极易挥发，如何保存？

在一系列这样的社会需求下，当时已具一定规模和经济实力的

古人采药图

■ 中医抓药碾药

进士 我国古代
科举制度中，通
过最后一级中
央政府朝廷考试
者，称为进士。
古代科举殿试及
第者，意为可以
进授爵位之人。
隋炀帝大业年间
始置进士科目。
唐亦设此科，凡
应试者谓之举进
士，中试者皆称
进士。到了元、
明、清时，贡士
经殿试后，及第
者皆赐出身，称
进士。

"陈李济"创造性地用蜡壳包裹，能使药物保持数十年不变。"陈李济"蜡壳丸的问世，也引发了那时北京、杭州等其他中药制造中心中药包装的革命，一直到后来为全国制药业广泛应用。

1826年，陈李济在广州"十三行"72号增设批发所，成为经营产品输出、洋药原料输入的进出口贸易机构。

清代每逢有科举，京试学子云集，考生们为应付考试动脑费神，必买成药定精、提神、进补、以防身体染恙，考试完毕，还带了一些药回到家乡。陈李济看到这是一个宣传推介产品的好机会，于是就派员到考场附近，或卖药、或半赠半卖、或人手一丸全部赠予，并送上印有宣传的纸扇。

与此同时，还跟踪揭榜，如某人中举或当了进士，则大肆宣传："某某考生服用'陈李济'养心宁神丸，精神爽利、笔走龙蛇"云云。

百年老号

百年企业与文化传统

陈李济的王牌产品陈皮，只送不卖更是陈李济历来眼光长远而灵活经营的典型例子。广东有三宝"陈皮、老姜、禾杆草"，第一就是陈皮，所以又称"广皮"。而最出名的陈皮就出自陈李济。

陈皮原料以新会柑皮为最佳。每年冬柑收获，陈李济必派人前去采购。回来后按收购年限分类放置在木楼上进行加工。陈皮贮存越久越珍贵。原本只是用于本厂原料的陈皮，成了特有的珍品，成了广东历年向朝廷敬献的贡品。

这样好而且产量有限的东西，如果换了别的厂家可能要"吊起来卖"，但陈李济却只送不卖，送给一些优质客户，或重要社会公关对象，博取了"陈李济有好药"的声誉！

送茶赠药也早早就写入了陈李济老铺条规。广州一直为华南大都会，而陈李济身处闹市中心，门前过客每日成千上万。在饥民、难民较多的时候，常有行人晕倒，不省人事，陈李济铺中的员工见状必出门营救施药，代其通知家人。

夏日炎炎，烈日当空，广州街头各种挑担、拉车苦力众多过往，陈李济又在人行道设茶缸，免费供应茶水。而令人尊敬的是，这并不光是好心的冲动，而

陈皮 别名橘皮、贵老、红皮、黄橘皮、广橘皮、新会皮、柑皮、广陈皮。为橘及其栽培变种的成熟果皮。性温，味辛、味苦。入脾经、胃经、肺经，理气健脾，调中，燥湿，化痰。主治脾胃气滞之脘腹胀满或疼痛、消化不良等症状。

■ 古人采摘草药石刻

是写入老铺条规的要则，延续了几百年。

当时广州城池围绕、没有马路，横街窄巷，民房多为砖木结构，居民又以木柴为燃料，经常发生火灾。而官方没有设消防设备，一旦有火灾，各家自理。老百姓在遇火灾时常常束手无策，损失惨重。

陈李济司理和股东研究，决定成立义务消防队，购置三部消防车，上面有手压的水枪、火钩、水桶、大小绳索、斧头、竹梯等等，还有一药箱随行，以备救急。消防队旗黑色，上书"陈李济"3个白字，消防车、木桶也写上，一旦某处发生火灾，队员立刻停产出动。

此善举深受市民好评，一时传为羊城佳话。有这样的口碑，老百姓们平时买药，首先就想到北京路的陈李济。

据说慈禧太后长期服食陈李济的"乌鸡白凤丸"，容颜保持老而不衰。清同治皇帝因服其"追风苏合丸"，药到病除，称其神效，由此获"杏和堂"封号。因而陈李济更名噪大江南北。

清光绪年间帝师翁同龢又为陈李济题写了"陈李济"店名，3个镏金大字保存后世。

陈李济在继承历代古方验方的基础上，研制生产数十种中成药，包括膏、丹、丸、散、茶、酒等，销售遍及南北大地，远至东南亚各国。药效之灵，制品之精，可谓无人不知陈李济，有口皆碑杏和堂。

阅读链接

陈李济是广州尽人皆知的中药老字号，在陈李济中药博物馆中，就浓缩了这个老字号400多年崎岖和辉煌的历史。

踏入馆内，在"火兼文武调元手，药辨君臣济世心"对联下，摆设着明代青花将军坛，清代斗彩贮药瓶。古色古香的酸枝木药柜上，刻着"苏合丸""白凤丸""宁坤丸"等人们熟悉的药名。大厅最醒目的是正中红底金漆的一个硕大的寿字，这是我国书画界巨擘吴作人先生为纪念陈李济创建385周年所题。

虔诚修合的汉口叶开泰

汉口的叶开泰与北京同仁堂、杭州胡庆余堂、广州陈李济齐名，它们号称我国"四大中药房"。

叶开泰中药店在汉口有300多年历史，它的自制名药参桂鹿茸丸、八宝光明散、虎骨追风酒、十全大补丸，名闻遐迩，远销海外。

■古代中药店

■ 古代中药店

古琴台 又名俞伯
牙台，位于湖北
省武汉市汉阳龟
山西脚下美丽的
月湖之滨，始建
于北宋时期。相
传，春秋时期楚
国琴师俞伯牙在
此鼓琴抒怀，山
上的樵夫钟子期
能识其音律，伯
牙便视子期为知
己。后人感其情
谊深厚，特在此
筑台纪念。

　　创立叶开泰的第一代人名叫叶文机，他的父亲是
一个民间老中医，号称"叶神仙"。1631年，叶文机
随父到湖北汉口镇，在汉阳古琴台附近摆起了药摊，
行医卖药，叶氏后裔将此年定为叶开泰药店创始之
年。

　　1637年，"叶神仙"去世，当时，适逢兵州一带
瘟疫流行，叶文机前往应诊，在那里露了一手，深得
简亲王赏识。于是，在简亲王赞助下，在汉正街鲍家
巷口找了一所青砖古屋，正式挂出了"叶开泰药铺"
招牌。取名叶开泰，乃是"叶神仙"生前之嘱："叶
家药铺开业，只图国泰民安"，以叶氏之姓加开泰之
意，便名为"叶开泰"。

　　尔后不久，又更名为"叶开泰药店"。叶开泰严
格恪守古训："宁缺勿滥，不好再来。"因而盛誉经
世不衰。

　　叶开泰制药，始终恪守虔诚修合、遵古炮制的传

统。在它的店堂里，高悬两块金匾，一边写着"修合虽无人见"，一边写着"存心自有天知"，寓意凭良心从业。

叶开泰传到第三代叶宏良手上，时局安定下来，场面做大起来，药室改成了药店，眷属也迁来了。

叶氏家族的成功，一靠济世救人，二靠科举入仕。叶宏良善于理财治家，其子叶松亭成为家族科举入仕的第一个成功者，官至诰授中宪大夫，晋赠光禄大夫、建威将军。

叶松亭之子叶云素、孙叶志铣，续承先辈遗志，搞好店务，教好子孙。叶志铣生二子，长子叶名琛，清代道光进士，为清政府所赏识，1847年聘任广东布政使，1850年升为两广总督，还被擢升为体仁阁大学士，成为叶氏家族中"最为杰出的光荣人物"。

在第二次鸦片战争中，叶名琛为英军所俘，逼其穿朝服朝靴，戴三眼刁翎红缨，从玻璃房中售门票，以显示大英帝国对我国的侮辱。叶名琛怀着"士可杀不可辱"的决心，最后吞石自杀于印度的加尔各答，以保持民族气节。由于人们对叶名琛的尊敬，因此也对叶开泰

杏苑春风

医药老号

大学士 古代官职，又称内阁大学士、殿阁大学士等，明清时流行的中堂一称，一般是指大学士或首辅大学士。最初明朝大学士共"四殿""两阁"。清乾隆年间改中和殿大学士为体仁阁大学士，成为"三殿三阁"。大学士都一样，均为正一品。

■ 中药药材

■ 中草药酒

这块金字招牌更产生了依赖、崇敬之情。

叶名琛之弟叶名沣，继承祖业，刻苦钻研中医药理和成药配方，扩大作坊，发展生产，又使叶开泰这块金字招牌更进一步增添了光彩。

从清乾隆到咸丰这段时期，从叶宏良到叶名琛、叶名沣这五代人，大约一百年间，能使叶开泰兴旺发达，所走途径是：首则搞好业务，发展生产；继则培养人才，科举入仕。由此亦官亦商，使政治与经济相结合，官场与药店相呼应。有此优越条件，促使叶开泰得到了振兴。

但并不是说有了官场的保护伞，什么药都可卖出去的。叶开泰的药灵不灵，看病人的口碑。叶家炮制药品，选料要绝对正宗，制作要绝对到位。

比如：制虎骨追风酒的虎骨，要选购前有风眼后有帮骨的腿骨来炖制虎胶，并配用高度汾酒；制参桂鹿茸丸，要选购一等石柱参、正安桂和马鹿茸，并配

汾酒 我国清香型白酒的典型代表，工艺精湛，素以入口绵、落口甜、饮后余香、回味悠长特色而著称。汾酒有着4000年左右的悠久历史，南北朝时期，汾酒作为宫廷御酒受到北齐武成帝的极力推崇，被载入"二十四史"，使汾酒一举成名。

以高丽参；制八宝光明散所用的麝香要选购杜圣兴的，冰片要选购炒草堂的正大梅，等等。

至于配方和操作规程，都有严格规定。制丸药一定要"炒老烘干"，如"制药酒，必须浸泡两年以上"。作坊屏风上贴有"宁缺勿滥，不好再来"的警示语。

从叶开泰买出来的药，包包货真价实，300多年来，叶开泰的信誉，几乎从来没有受到过挑战。因此，喜欢说俏皮话的汉口人，有句口头禅是："叶开泰的药，吃死人都是好的。"

当时有个叫陈吉庵的，在叶开泰当学徒两年以后，分工泡虎骨追风酒长达8年之久。他每次泡20坛，有时30坛或40坛，选用山西好汾酒，配方中有28种治疗风寒暑湿、舒筋活络的中药材。杜仲、故子一定要用盐水炒焦，才能起到固腰肾的作用。川乌、草乌都是含有乌头碱毒素的草本植物果实，不能生用，必须加辅助材料煮制，消除毒素才能投入酒中。大活络丸原料中的白花蛇、乌梢蛇，必须去掉蛇头、尾、皮、骨，烘干研末，才能入药。

叶开泰每年入冬要熬胶，有6种之多，时间长达两个月。每种胶一定是选用上等原料。阿胶选用的是纯黑驴皮。龟板胶要选用龟底板，

■ 古代中药店

■中药药材

不用龟壳。龟板浸泡透以后，要一块块刨去黑壳皮，又经地日晒夜露，消除腥味。这样的一丝不苟，才有高品质的成品。

当时，过汉口的旅客，总忘不了捎带叶开泰的参桂鹿茸丸或别的什么，回家赠送给亲朋好友。在长沙，家里来了客人，上一小碟参桂鹿茸丸，分量两三钱，作为接待客人的礼节。

人们评价叶开泰的药，"一个字，灵"，而且越传越神。传说有一回，作坊里大木甑蒸鹿茸百斤，以备切片磨粉，不料剩在大锅里的一点脚子水，被店里一只大狗喝了。结果这狗不胜药力，眼被冲瞎，肛门外翻出个肉团，像个红石榴。不是正宗鹿茸，哪来这般效果？

还有更神奇的是，相传有一个叫花子，到过叶开泰作坊，遗留下一只缸，用这只缸泡过的药，就成了灵丹妙药。原来，这个叫花子就是八仙过海的头一位铁拐李的化身，难怪能够有药到病除的奇效。

叶开泰前店后坊，20世纪初有员工80多人，在汉正街是比较大的店铺。员工七成为南京南乡人，一成为安徽人，余下是湖北人。有父子两代、祖孙三代在叶家帮工的，说明叶开泰劳资关系比较协调。

"进叶开泰不穷，出叶开泰不富。"这是往昔汉口尽人皆知的俗话。这个时期，三年学徒期满，月薪银元10元，次年15元，第三年20

元，进入第四年以后，按技能酌增。另有月费钱，管剃头洗澡洗衣。每年带薪休假72天，如果没有请假，每月加发6天薪水，一年下来加发72天。这种余月钱，年终补发，一般员工可得银元60至70元。五月端午、八月中秋两节有奖金。年终有红利，资方得六成，劳方得四成。

药店为了解除员工后顾之忧，还设立了维持会。员工分期存入4个月薪水，就可以享受照顾。切药老师傅吴硕卿告老回乡时，维持会付给他本息金500多元。1937年，陈吉庵的父亲病故，也结算了本息金400多元，除去丧事开销，遗属生活暂时可以维持下来。

从1859年至1930年的72年中，叶开泰处在鼎盛时期。辛亥革命前，除药店占用资金以外，在北京、汉阳有房屋和会馆，汉口、武昌有房产地皮，汉阳七里庙、浠水县下巴河有田约千亩，还有书画古玩价值白银万两。

1911年，叶开泰毁于兵燹，大伤元气。叶名沣的第三个孙子叶凤池力挽狂澜，在大夹街陶家巷住宅基地重建店屋，翌年叶开泰化险为夷。此后，叶凤池内外周旋，叶开泰店铺终未受时局之累，直到1930年叶凤池逝世。

叶开泰的主打药品有参桂鹿茸丸、八宝光明散、虎骨追风酒、十全大补丸等，名闻遐迩，远销海外。

阅读链接

1952年，政府对私营药店实行限制，规定不准生产成药，武汉市各中药店集资筹建中联药厂。叶开泰顾虑户多人众难以动作，抢先与陈太乙、陈天保两家同行大户联合，申报成立健民制药厂。

到1956年公私合营高潮来临，叶开泰无论工商，全部申请交公，全体在职人员，概由国家统一安排。叶璧垣、叶隆侯、叶蓉斋，分别担任厂长经理，叶氏后辈大多安排了工作。因此，现在的武汉健民药业集团股份有限公司的前身就是叶开泰。

东北国药翘楚世一堂

　　按照地理方位划分，我国的中药行业分为东、西、南、北、中传统五大堂：中堂是北京的同仁堂，东堂为杭州的胡庆余堂，西堂指重庆的桐君阁，南堂乃广州的敬修堂，北堂就是哈尔滨的世一堂。

古代中药铺

世一堂是东北地区最早的著名制药企业，创建于清光绪年间的1903年，但其历史可上溯至1827年，世一堂与北京同仁堂齐名，在药界素有"里有同仁，外有世一"之美称。

■ 中药 药材

世一堂的祖地在吉林市，是1827年由前清举人张尊与两位钱庄老板合资创办的，初名"天一堂"。于当年4月28日北山药王庙会之际，立匾开业。店堂的门檐上高悬着吉林驻守使常顺将军题写的"悬壶济世"匾额，门两侧是举人张广尧题写的对联，上联为"地道药材货真价实"，下联为"公平交易童叟无欺"。

天一堂秉承行医之道，童叟无欺，主要以加工人参、鹿茸为主，尤以鹿角胶、爱国神丹和熊油虎骨膏最为有名。天一堂不仅药品齐全、纯正地道，且从药铺开业以来，就有著名的坐堂医生给病人开方诊病。

至1903年，哈尔滨因中东铁路的发展而盛极一时，商贾林立，享有"东方小巴黎"的美誉。此时，执掌"天一堂"的第三代掌门人李星臣认为，哈尔滨的兴盛是"天一堂"难得的发展机遇，便责成"天一堂"在阿城的分号拨款现大洋1万元，在哈尔滨道里十二道街头创办了"天一堂中药店"。

"天一堂"改名为"世一堂"，相传还有一个有趣的故事：

悬壶济世 传说东汉时有个叫费长房的人，一日他偶见街上有一卖药的老翁，悬挂着一个药葫芦兜售丸散膏丹。待街上行人渐渐散去，老翁就悄悄钻入了葫芦之中。后来，费长房随老翁学得方术，能医百病。民间郎中为了纪念他，就在药铺门口挂一个药葫芦作为行医的标志，称"悬壶"。

百年老号

百年企业与文化传统

■ 药店抓药场景

五谷 我国古代所指的五种谷物，在我国古代有多种不同的说法，一种是指稻、黍、稷、麦、菽；另一种指麻、黍、稷、麦、菽。古代经济文化中心在黄河流域，稻的主要产地在南方，而北方种稻有限，所以"五谷"中最初无稻。

中药店在哈尔滨开张不久后的一天，李星臣正在账房算账，忽然小伙计报告说院门外有一位云游道士求见。于是李星臣热情地把道士请进屋。

道士落座后说："施主，您这铺子里的药不错，但这'天一堂'的名字不好。"

李星臣一听，忙站起身拱手行礼说："愿听师傅高见。"

云游道士捻了捻胡须，慢悠悠地说："你这'天一堂'听起来仿佛是天上的药房，可是天上的神仙是不吃药的，吃药的是世间吃五谷杂粮的老百姓，我看不如把'天'字改成'世'字。'世一堂'乃为'人世间第一大堂'之意，你看可好？"

李星臣听完，赶忙上前一揖到地，连说："谢师傅赠名，您说得极是！"

云游道士见状意兴大发，他见李星臣桌上备有纸笔，拿起笔来一挥而就"世一堂"3个大字，写罢朗声笑着飘然而去。

也就从这一天起，李星臣接受了云游道士的建议，正式将"天一堂"改名为"世一堂"。

改名之后，李星臣着重致力于提高药品的质量，增加品种，并将老药铺改造成制药作坊，世一堂药厂从此真正诞生。李星臣恪守"配伍医方唯道地，炮制遵古乃精良"的古训，选择地道药材，重金聘请名医、名药工，层层把关；"卖药"更以"义"字为本，使世一堂在哈尔滨乃至整个东北地区声名鹊起。

到1912年，世一堂已拥有吉林老号及阿城世一堂、道外世一堂、道里世一堂3家分店，呈现出连锁经营的雏形。世一堂首开了"由同一资本所有者在全国各地开办多家分店，实行统一管理，统一经营"的经营模式先河，这在当时世界上都是领先的。

1914年，世一堂生产的药品被评为国货精品，

配伍 是指有目的地按病情需要和药性特点，有选择地将两味以上药物配合同用。当应用一种药物疗效不佳时，就需要选择其他的药物进行合理的配伍。前人把单味药的应用同药与药之间的配伍关系称为药物的"七情"。

■ 中药店

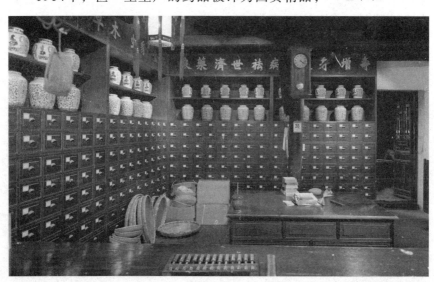

■中药汤液

得到政府认可。1915年世一堂生产鹿角胶走出国门参加首届国际巴拿马万国博览会，并获金奖，由民国农商部长周自齐亲授证书，获得农商部展销大奖，为中华民族工业争得了巨大荣誉。1916年世一堂牌药品爱国神丹和熊油虎骨膏再次获得国货优等奖证书。世一堂药品接连获奖后，其发展机遇大大增加，资金实力也达巅峰。

世一堂当时经营丸、散、膏、丹、酒、胶、露等7个剂型，近300余个品种。世一堂的药品因为质地优良，加工细腻而销往全国各地，尤以上海、香港为窗口，远销东南亚。

始终以解除民众疾苦为己任的李星臣决定向关内发展，他带着10万大洋入关，在以北京为中心的华北地区陆续开设了十几家分号，大有遍地开花，逐鹿天下之势。

世一堂强势发展引起了北京同仁堂的关注，后来，在一些巨贾商人和官府的协调下，同仁堂与世一堂签订了盟约，双方约定以山海关为界，从此在制药史上留下了"里有同仁，外有世一"的一段佳话。

世一堂鼎盛时期，在全国发展了14家分店，在哈尔滨、阿城、绥化、长春、佳木斯、天津、上海等地都有吉林世一堂的分号；在香港和日本的大阪都设有办事处，从业人员100多人，资金200余万元，房产200余间。

清末代皇帝溥仪居留长春期间，李星臣曾多次应急诊被召入宫，因而也获得不少宫廷秘方，使世一堂药品质量更上乘、品种更丰富。

在世一堂保留着一块名为"回天石"的石头，上面刻有一首诗：

一上一上又一上，一上上至青天上，

回望人间多少事，天下正道是沧桑。

相传这首诗是清代一名武将所作。当年清乾隆皇帝下江南，遭遇刺客，身边武将为保圣驾身受重伤。江南一名医献上回天再造丸，武将服用一周后即痊愈，并可舞剑，这名武将大呼是神药回天。乾隆皇帝有心戏弄他，就命他作藏头诗一首，令其夸赞此药。这名武将虽不懂作诗，但因为感激至诚且皇命难违，便急中生智作了石上所刻的藏头诗，取诗句第一字便为"一回天"，意思是服用此药，一天天好起来。

此后，回天再造丸在宫廷中广为流传，成为王公大臣所用奇药，而经宫廷传给世一堂后，成为广大民众解除病痛传世良药。相传世一堂制造的药丸存放十几年药味不变。

世一堂有个小伙计叫王永奎，这人没家没业，经保人引见，在世一堂学徒三年，心眼机灵，后来当上了抓药师傅。他抓药，根本不用称，保证分毫不错。一钱五味子多少粒，一块紫荆皮多少，他都了如指掌。

当时，有个卖烧饼的老太太，和女儿相依为命，卖了一辈子烧饼，积攒了不少的钱财，想找个倒插门的女婿过一辈子，可是，找谁好呢？

那时，老太太的闺女已17岁了，长得水灵。偏偏老太太

■ 中医中药

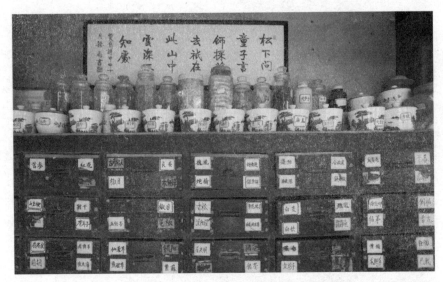

■ 中药店

养老婿 一种婚娶俗称，指入赘者。凡家中只有女儿没有男儿，不愿女儿嫁出而招入女婿的称为养老婿，也称招仔婿。凡养老婿，男的要改用女家的姓，女的要改男的姓；两人生下的子女则一律用女家的姓。也有的男女双方不改姓，只让其生下的子女用女方的姓。

病了，她去世一堂给娘抓药，王永奎的"抓功"使她看傻了眼，竟忘了走了。晚上到了家，她滔滔不绝地对娘学起了世一堂小伙计王永奎的手艺，一边学，一边脸红，早已忘了男女有别。

闺女大了！娘从女儿的语气中，早也看出女儿的心思，于是，老太太决定亲自去看看这个王永奎。

当时，世一堂药店抓药的共3个小伙计，这三人都必须打扮得干干净净的，小分头，头上扣着圆顶小帽，灰色的上衣，袖口挽到胳膊上，露出白衬衣，每天笑眯眯往柜台前一站。

王永奎长得也俊，嘴又甜，说话招人喜欢，只要买主递上单子，他往往喊一声："您稍候！"然后抓药。抓好递上去，又喊："拿好！"人家走时，他又喊："走好！"这些动作，轻如燕，熟如掌，把人看得眼花缭乱。

更有一些小伙计亲切地喊王永奎："师哥，喝茶！""师哥，擦擦脸！"王永奎往往说："不急！"还是光干活。

老太太心里一下子对这小伙喜欢起来，心里也开始佩服闺女的眼力，回家就和闺女交了底，决定收王永奎为养老婿。

闺女也说："娘，咱们最后试他一下，怎样？"

"怎么试？"

"明天午时三刻，咱娘俩进世一堂，如果他没事干，就告吹；如果他正抓药，就算成！"

"这太玄乎了！"

"这叫天意！"

老太太也拗不过闺女，于是这样决定了。

事情往往也是无巧不成书，那天下午，偏偏赶上一个大官要120副药，正好柜台上又没别人，这下子王永奎可表演开了。只见他抓药的手如飞，根本不用称了，他这边抓药，竟然使两个打包的小伙计累得驷马汗流的。那天，看热闹的人也很多，柜台里外一片喝彩声，从此王永奎一下子名声大振。

古代中药铺

不用说，卖烧饼的老太太收了这个养老女婿。这件事，在长春一时传为佳话，同时也使世一堂的名望更高了。

世一堂的办事准则是创名牌，实在；你的好，我比你更好；用自己的质量取信于民，这主要是它要求每一个人从根本上做起。

所有进入世一堂干活的人，不论生人熟人，不论亲朋好友，都要从头练起，那就是先练压药、洗药、贮存药、保管药，全面地掌握了药性，然后才能"进屋"实习抓药、配药、卖药。这个要求很实在、具体。

后来，世一堂制药厂经大规模的技术攻关，研制了"六味地黄丸"水蜜丸、浓缩丸，血府逐瘀水丸，乌鸡白凤丸水丸等一系列水丸产品，使古老的中药焕发出新的青春。

另外，还研制了世一堂五味面，它以色艳、味美、用途广泛，成了家常的调味品，逢年过节，人们要是尝不到世一堂的调味面，会觉得是一件憾事。

伴随着时代前进的步伐，世一堂更加神采飞扬地为祖国的医药事业贡献着自己的力量。

阅读链接

1946年4月28日，哈尔滨在鞭炮声中迎来了解放。解放后党和政府实行保护发展民族工商业政策，银行提供贷款扶植老店，世一堂在党和政策的扶植下重获新生。1956年公私合营后，世一堂药店划归哈尔滨市药材公司领导，成立两个门市部，保留原世一堂药店称号，恢复传统中药材的加工生产。

无论经营体制是如何改变的，世一堂人从没有忘记李星臣先生那句"配伍医方唯道地，炮制遵古乃精良"的训教和以"义"为本、"义利共生"的经营理念。

百业老号

　　我国百年老号除饮食、服装、医药等大类外，还有文具、眼镜、钟表、刀剪等日用杂品的老店。这些老店，同样凝聚着中华民族千百年的智慧，也饱含着诚信的经营理念和精湛的制作技艺，具有深厚的传统文化底蕴。

　　文具类如湖笔中的佳品浙江湖州王一品斋笔庄、沈阳湖魁章笔庄、杭州邵芝岩名笔；眼镜钟表如天津、北京的亨得利眼镜钟表行，宝明斋眼镜店、王星记扇庄；日杂类如"王麻子"刀剪等，都是享誉中华甚至海外的百年老店。

湖笔精品的王一品斋笔庄

湖笔，与徽墨、宣纸、端砚并称为"文房四宝"，是悠久灿烂的中华文明的重要象征。湖笔之乡在浙江湖州善琏镇，当地有笔祖蒙恬庙。相传秦始皇的大将蒙恬"用枯木为管，鹿毛为柱，羊毛为被"，发明了毛笔。

一品斋毛笔

湖州不仅盛产湖笔，而且有一家在全国影响较大的笔庄，名为"王一品斋笔庄"。店名之所以称"王一品"，其中有一个耐人寻味的故事。

明末清初之际，湖州善琏盛产毛笔，随其产品逐渐外传，遂使湖笔的制造技术在全国各地开始生根开花，比如天津、北京、上海等地。

此外，善琏人在各地经销湖笔的

著名笔店有：北京的戴月轩、上海的茅春堂、苏州的贝松泉等。然而，这些笔庄都不如湖州的王一品斋笔庄有影响。

王一品斋创建于清乾隆年间。当时湖州城里有个姓王的笔工，技艺超群。他亲手制造的湖笔，要经过70多道工序，真正具备了湖笔"尖、齐、圆、健"四大特点，也就是所说湖笔"四德"。

尖，即指笔锋尖如锥状；齐，即指笔锋在尖的基础上还要齐如刀切，没有参差不齐现象；圆，是指笔头浑圆挺直，绝无四凸之处；健，是指毛笔书写时富有弹性，落笔时苍劲有力。

王师傅是一个绝顶聪明，好动脑筋的人。他平时在湖州城里做买卖，积攒下一批上品之笔，待到大考科举之年，便跟随考生举子们，长途跋涉，前往京城，向全国各地的考生举子们推荐宣传自己制造的笔。

经过连续几年这种特殊的"广告"宣传，使他造的湖笔在全国文人中渐渐有了较高的声望。

这一年正值大考。王师傅带毛笔到京城沿街叫卖。有位考生临考前一天还没买到自己满意的毛笔，不觉仰天长叹一声说道："天下之大，一笔难求！"

王师傅正好赶上，便上前施礼道："先生何出此言。远在天边，近在眼前！"说着便从肩上的褡裢里

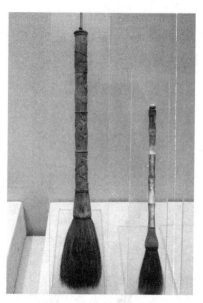

■一品斋湖笔

127

百业老号

湖州 历来是东南形胜之地，历代才子迭出、文风不绝。著名书法家王羲之、王献之、颜真卿、米芾、苏轼、王十朋等都曾在此地为官或寓居湖州；更有曹不兴、张僧繇、贝义渊、朱审、释高闲、徐表仁、燕文贵等湖籍书画俊才。他们的书画活动，带动了湖州的制笔业的兴起。

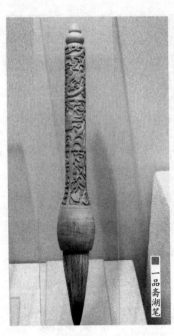
一品斋湖笔

取出一支乳白色笔杆的毛笔，递给了那位考生，请他试一试，看看怎么样。

那位考生接过笔，摘下笔帽，仔细一看，失声叫道："天赐良器，一品上笔，果真不假！"当下掏出重金买得一管。

考生得此妙笔，心花怒放，兴致高昂，考试时又文思潮涌，写出一篇好文章，结果金榜夺魁，中了状元。

这个消息迅速传遍了京城，人们为了"讨口彩"，图吉利，以后便把王师傅卖的笔称之为"一品笔"，他也被唤作"王一品"。他的真名，反倒被人们遗忘了。

王师傅从京城满载而归，于清朝乾隆年间在湖州开了一个笔庄，这就是"王一品斋笔庄"。王师傅为了区别其他湖笔，他请一位文人根据《周礼》中"冢宰为天官，为百官之长"，特用"天官"牌为记，意思是百笔之首，并与店名相称。

王一品斋笔庄生产的毛笔，毛料讲究，工艺精湛，体现了"湖派"制笔的特色。以毫料而言，有羊毫、兔毫、狼毫、獾毫、狸毫及用几种毫料合成的兼毫笔等。

其中，羊毫采用杭嘉湖地区的山羊毛，在毫端有一段锋颖称为"黑子"或"湖颖"；而兔毫则采自海宁一带的透明尖挺的山兔；狼毫则用关东的黄狼毫，要在冬季采收。

"天官"毛笔制作严格细致，一支笔的制成需经过近百道工序，包括水盆、结头、装套、择笔、刻笔等系列过程。

如"水盆"是关键性环节，其工序达70道之多，主要有浸、拨、并、梳、连等。这样制出的笔，锋颖尖锐、修削整齐、丰硕圆润、劲健有力，具有"尖、齐、圆、健"4个特点。

后世王一品斋毛笔共有四大类500多种之多，其传统的产品，有精品、上品、仿古玉兰蕊、湖颖、兰竹、白云等。

为了适应中外文化交流的需要，王一品斋笔庄还开发了大量纪念笔，诸如代港、澳、台同胞制作的"半屏山"纪念笔；为纪念王羲之、陆羽、吴昌硕、郭沫若、茅盾和西泠印社特制的"兰亭""鸿渐桑宁""缶序妙颖""鼎堂遗爱""西泠汉石"笔，以及纪念中山故居的"翠亨春"笔。同时还有十二生肖笔等，备受中外客商、书画界、教育界人士的青睐。

在创业220周年和250周年之时，王一品斋毛笔荣获党和国家领导人先后题词相赠，如朱德的"推陈出新"；陈毅的"由一品进至上品、精品，以至冠海内，行销南洋、国外，为中国文化工具放一异彩"；董必武的"东毫成颖贯中锋，二百廿年世业工，赖此优良传统在，指挥如意鼓东风"；张爱萍的"得心应手，挥洒自如"等。

同时，为"王一品"题词作画的还有何香凝、谭启龙等人。1961年，郭沫若为王一品斋笔庄题写了牌匾，并赋七律一首，盛赞其造笔技艺之精良，王一品斋笔庄，继续创新，制作集使用、艺术、收藏价值于一体的湖笔，不断为我国文化工具事业做出新的贡献。

> **阅读链接**
>
> 　　湖州王一品斋笔庄，是我国最古老的一家专业笔庄，以生产"天官牌"湖笔而驰名中外，是我国湖笔生产企业中的龙头企业。
>
> 　　建国以来，王一品斋笔庄深受老一辈党和国家领导人的关怀，朱德、董必武、陈毅、何香凝、郭沫若、周建人、沈雁冰、叶圣陶等以及著名书画家吴作人、老舍、傅抱石、潘天寿、丰子恺等都曾经亲临笔社，作书、题词相赠，表达了他们对"中华老字号"的厚爱。

笔香如兰的杭州邵芝岩

木雕雕刻毛笔

杭州"武林邵芝岩笔庄"创建于1862年，初名"粲花室"，位于官巷口闹市区。刚开业时，店主邵芝岩积极经营，注重质量，恪守信誉，使小店渐崭露头角。

地兰开并蒂，绿如翡翠，晶莹剔透，美若仙子的云裳玉带，焕发着奇光异彩。

邵芝岩素来就爱兰花，有一次，他在集市上发现了一株神奇的兰花。它主叶短阔，长约五六寸，花开并蒂，多达八九瓣。这株兰花有两大奇特之处，一是仅开一朵并蒂花，二是叶枯后才发芽。此花后来被载入花谱，取名"绿云"。

邵芝岩慧眼识宝，以500两纹银的重金购买下这朵稀世珍兰，陈列在自家的笔庄里作"镇店之宝"。一时门庭若市，大家喊着："到笔店看神花去！"，赏花者云集。

看花当然也附带看笔，笔好自然也要卖出几支。兰之名贵倾倒省城众多风雅文士，于是随着并蒂兰淡雅的清香，笔庄之名遐迩皆知，声誉大振。

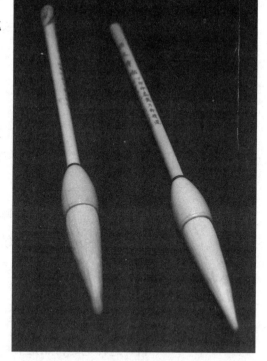
■ 经天纬地毛笔

邵芝岩干脆趁热打铁，将笔庄改为"邵芝岩笔庄"。他构思精妙，创意独特以"芝兰图"为商标。图案左为花瓶里插"灵芝"，寓邵芝岩的"芝"字；右为一盆"绿云"兰花，寓意笔庄产笔的名贵奇特。

邵芝岩为人精明，年轻志大。醉心于制笔工艺，不仅关注平民对毛笔的需求，而且也敢于造访深宅大院、义人墨客，聆听士大夫们对毛笔的眷爱与垂青。由于邵芝岩的勤劳与卓识，邵芝岩笔庄的"芝兰图"毛笔不仅畅销全国，而且蜚声海外。

邵芝岩毛笔以"选料必精，加工必严"著称，每

兰花 我国十大名花之一，以叶秀花香著称，不论何种兰花，都带有宜人的幽香。它的香气浓而不烈，香而不浊，有"花中之后"的美誉，具有抑制神经过度兴奋、改善呼吸、消除紧张、治疗哮喘、美容、提升工作活力、增加情趣等功效。

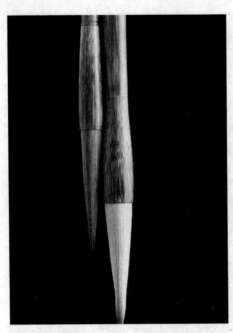

■ 毛笔

支毛笔需经选毫、梳毛、造型、结头、装套、刻字等70余道工序，达到"四绝"："尖，齐，圆，健"。有羊毫、狼毫、紫毫、兼毫四大类各具特色。

羊毫，按锋颖长短，分长锋、中锋和短锋；长锋羊毫锋颖长，锋腹软，以贮墨多，书写中可顺笔婉转，一气呵成为特色。传统行草书法讲究"贯气"，用此尤宜。

中锋羊毫属普及型的，短锋羊毫适书写，更适绘画。狼毫，精选黄鼠狼毛作为原料，这种笔的特点是书写绘画苍劲有力。

紫毫，选用山兔脊背上的一小撮弹性最好最硬的毛制作，锋颖坚挺，与羊毫性能恰好相反，书写绘画别开生面。兼毫则由混合毛制作，多以山兔和山羊毛配制而成，因用料软硬皆有，书写时刚柔相济，妙不可言。

笔为文房四宝之首。无疑笔底凝聚着中华文化博大精深的品格。风雅之士用它来点画江山，抒发情怀。当年著名书法家唐驼来店定制毛笔，要求笔头散开，再提起笔来，笔头仍能紧裹，复原如初。数日后，笔制成，唐驼试用后并不满意。笔庄不厌其烦，愈时年余，重制达8次才让唐驼称心如意。此笔即命名为"唐驼八次改定屏联笔"。

百年老号

百年企业与文化传统

行草 介于行书、草书之间的一种书体和书法风格，可以说是行书的草化或草书的行化。它是为了弥补楷书的刻板和草书的难于辨认而产生的一种风格，笔势不像草书那样潦草，也不要求楷书那样规范。行书大约是在东汉末年产生的。

邵芝岩笔庄"芝兰图"毛笔曾先后参加中外赛会12次,获奖多多,有特等金牌4枚,一等奖和优等奖4次等。更有"特制玉兰芯""福禄寿喜庆""大富贵亦寿考""极品长锋缩羊毫条幅笔""极品鹤脚"及"兰竹""山水"等名笔,皆为笔之上品。

邵芝岩笔庄经历创业、发展,由成长到成熟的过程,笔庄创始人邵芝岩去世后,传其子邵小岩,再传其孙邵静山,再传其曾孙邵克文。曾一度撤并,后来才又复业,重整旗鼓,历经了时代变迁的风雨沧桑。

后世的笔庄仍坐落在中山中路,仍保持前店后场的格局。门前悬挂的"邵芝岩笔庄"5个字是赵朴初题的。营业面积仅数十平方米。

进大厅一楼,橱窗里挂有长100厘米、直径14厘米,笔头如碗口大的巨型毛笔。二楼雅室,环境雅静,以接待国内外宾客和文人墨客为多。

唐驼（1871—1938年），原名成烈,字孜权,号曲人,因写字坐姿不正而成驼背,改名唐驼。江苏武进人,书法家,近代印刷业开拓者。与沈尹默、马公愚、天台山人并称题额写匾四大圣手。

■ 古代制笔场景

走进店堂，就像进入毛笔的博物馆和展览会：各种质材，各式规格的毛笔，精彩纷呈，琳琅满目。特色服务有：能定制特色笔"宝宝胎发笔""夫妻结发笔""情侣笔"，等等。中堂高悬严济慈题的"絮花室"3字，匾额后面是工场及库房。

店不在大，有"魂"则名。多生气勃勃的笔庄，多生气勃勃的老店，皆因有"魂"，这就是名牌老店独特的文化底蕴：那股子充溢着人文血脉的底气儿！

创新才有生命力，当年周恩来总理访日时，曾挥毫写下"雨中岚山"4字，邵芝岩笔庄据此精心制作了一套"雨中岚山"笔，颇受客户欢迎；年逾八旬的书坛泰斗沙孟海老人在拍纪录片时，用一支拐杖似的大笔挥写"龙"字，这支长100厘米的椽笔即为笔庄老师傅精心特制。

应顾客的需求，笔庄又开发了"翰墨香""缶岳缘""大中小湖颖之冠""紫冠""大中小仿古纯光锋"等新精品，积极地去搏击市场风雨。

阅读链接

杭州武林邵芝岩笔庄制造的"芝兰图"毛笔，历年被定为全国六大名牌毛笔之一，曾被评为"玉兔奖杯"，是"名、特、优"产品。还有的笔被评为新产品"优质奖"。从而在世界各地拓展了广大市场，产品远销海外。

邵芝岩笔庄又与一些国家和港、台的书画界朋友建立友好往来，为他们精心加工定制各类毛笔。还有许多著名书画家和知名人士，如沙孟海、启功、费新我等为邵芝岩笔庄题诗作画、馈赠墨宝，使人们领略到高尚的情操、无限的美感。

居家必备的王麻子刀剪

刀剪是人民生活中离不开的工具，所以，从事生产、经营刀剪者在我国从南方到北方、从城市到村镇随处可见。其中不乏有名的剪刀作坊和剪刀店铺，而最著名的有两个，就是南方杭州的张小泉，北方北京的王麻子。

张小泉剪刀和王麻子刀剪都是选材精良，剪刃锋利，经久耐用，所不同的是张小泉剪刀外观银白

■ 王麻子刀剪店铺
前锻造剪刀的雕塑

观世音菩萨 传
说唐代避唐太宗
李世民名讳，略
去"世"字简称
观音，是阿弥陀
佛的左胁侍。佛
经经典中最为著
名的是《法华
经》，里面详细
介绍了观音菩萨
的功德，以及解
救灾难的种种事
迹，凡遇难众生
称念其名号，菩
萨即观其声音前
往拯救，帮助世
人解除灾难。

漂亮，王麻子剪刀乌黑，人称之为"黑老虎"。

北京王麻子剪刀是闻名海内外的中华老字号，是
我国刀剪的代表，中华刀剪文化的象征，是家喻户
晓、有口皆碑的刀剪名牌。

关于"王麻子"的起源，有许多种传说。据说明
代时有个徽州商人叫程伯鳞，久居扬州，虔诚供奉观
世音菩萨。明末清兵攻破扬州，程伯鳞祈求观世音菩
萨救助，夜里忽得一梦："你家17口人，其他16口都
没事，唯独你在劫难逃。"

程伯鳞梦醒，便祈祷菩萨救命，睡下后又得梦：
"你前生杀了王麻子26刀，今生必须偿还，决不可
逃。你吩咐家人移住东厢，自己在中堂等着，不要连
累家人。"

五天后，有个清兵前来叩门。程伯鳞大声问：

"你是王麻子吗？如果是王麻子，可以来杀我26
刀。如果不是王麻子，咱们本无怨仇，你就不用进
门了。"

那个清兵说："我正是王麻子！"程伯鳞就开门
让他进来。那位清兵惊奇地问："你怎么知道我的姓
名？"程伯鳞就把五天前所做的两个梦告诉了他。

王麻子感慨地说："你前世杀我26刀，我今世来
报仇。如果我今天杀了你，你来世不是又要找我报仇
吗？"于是就宽恕了他，用刀背砍了程伯鳞26下。

王麻子退役后，在家乡开了个菜刀铺子。"王麻
子菜刀"于是名扬天下。

还有一个传说，是最令大众认可的说法。"王
麻子"始创于清顺治时的
1651年，老北京的王麻子刀
剪铺原是宣武门外菜市口附
近的一家卖火镰、剪刀的杂
货铺，铺名"刀顺号"。掌
柜的本姓王，因为脸上有麻
子，故同行人及顾客直呼其
"王麻子"。

最初时，王师傅的柜上
并不制作剪刀，全靠从民间
剪刀作坊趸购。为保证质
量，掌柜的亲自下去选货，
坚持以"三看""两试"进
行验收。三看即看外观、看

火镰 一种比较久
远的取火器物，
由于打造时把形
状做成酷似弯弯
的镰刀与火石撞
击、摩擦能产生
火星而得名。火
镰基本由火石、
火绒、钢条三部
分组成。打造成
弯弯的镰刀形状
的钢条成为火镰
的主件。

■ 王麻子幌子

百年老号

百年企业与文化传统

■ 磨剪刀雕塑

《续都门竹枝词》清嘉庆年间江苏苏州人张子秋所著，描述北京之风土民俗，为一系列诗刊，或操市井之谈，或抒过眼之繁华，或溯赏心之乐事，搜刮凤城，描摹象管，数量之大，品类之多，可谓五彩纷呈，琳琅满目。

刃口、看剪轴，两试即试剪刃、试手感。凡经不起三看、两试的一律不收。只有一流的上品才能拿到门市柜台上去卖。所以这个杂货铺的剪刀以质量好而闻名，不论本市和外地的都慕名前来选购，人们不约而同地称这个货铺为"王麻子刀剪铺"。

王麻子离世后，其子接手继续经营这个王麻子剪刀铺。1816年，传至第三代孙，王麻子后代接办杂货铺，正式挂出"三代王麻子"的招牌，改以经营剪刀为主，并在所销售的剪刀上均镌有"王麻子"3个字作标志。

此时的王麻子剪刀铺虽然店铺后还带家眷，但是前柜已雇有伙计、学徒四五个人。

当时北京城商业竞争很激烈，王麻子剪刀在市场畅销引起一些同业垂涎，他们不想创自己的名牌，却异想天开进行假冒王麻子的招牌，在店门前挂出"真王麻子""老王麻子""老老王麻子""汪麻子""旺麻子""万麻子"和"石麻子"等牌匾。据1819年刊印的张子秋的《续都门竹枝词》上一首词中写道：

汪王万石皆麻子，拨厥由来为火镰；
自昔岂无人似玉，一齐刻划作无盐。

1872年刊印的李静山的《增补都门杂咏》也有一首词写道：

刀店传名本姓王，两边更有万同汪；
诸公拭目分明认，头上三横看莫慌。

最晚从清嘉庆年开始，假冒王麻子招牌推销剪刀的店铺在宣武门外大街出现，后来在前门外打磨厂西口、隆福寺、东四、西单等地都有"真王麻子""老王麻子"等假冒卖剪刀的店铺。

在同业的竞争中，正牌王麻子剪刀铺在店铺门前挂出个说明牌，上写：

隆福寺 坐落在北京东四北大街西，始建于1425年。隆福寺在明代是京城唯一的喇嘛、和尚同驻的寺院，清代成为完全的喇嘛庙。因坐落在东城，与护国寺相对，俗称"东庙"。每逢庙会，人流如潮，当年庙会全盛时期"一日能消百万钱"。

139

百业兴旺 百业老号

■ 泥雕磨刀

崇文门 元称文明门，俗称"哈德门""海岱门"。崇文门以瓮城左首镇海寺内镇海铁龟著名，据说这一段儿护城河的桥下有一个海眼，于是人们就用一只鸟龟来镇住海眼，保护北京城的平安。于是"崇文铁龟"遍响京都。

"本铺自创办以来，并没有后代子孙在外面开办分号，请社会诸君认明王麻子招牌，免受欺骗。"

另一方面，王麻子剪刀铺在剪刀质量上下功夫。他们要求与王麻子剪刀铺有来往的打剪刀的作坊，都打制剪头长、剪把宽、剪轴粗的剪刀，并要求剪刀软的能剪丝绒绸缎，一剪即断不挂丝；剪硬的能一剪剪40层布，细铁丝一剪即断，剪刀不锈。

由于王麻子剪刀铺剪刀的质量好，所以，在同业竞争中始终立于不败之地，买卖久盛不衰。

北京是首善之地，南来北往的客人很多，有许多外地人都喜欢离京还乡时，买几把王麻子剪刀当礼品送给乡亲。王麻子的剪刀不仅闻名北京全城，而且享誉全国。

新中国建立后，王麻子剪刀铺的生意又兴盛起来。多年积压的货物在天坛全国物资交流会上全部售光。

1954年北京市人民政府开展小手工业者合作化运动，把全市分散的几家经营剪刀的店铺和锻造剪刀的小作坊都组织起来，成立了"剪子生产合作社"。

1956年，剪子生产合作社与刀子生产合作社合并。1959年北京王麻子剪刀厂正式宣告成立。从此，昔日的小剪刀铺

■ 磨刀铜雕

和小铁作坊变成了一个国营企业，开始向现代化迈进。

北京市人民政府为了发展王麻子剪刀名牌产品，特在北郊沙河镇为王麻子剪刀厂建起新房，在崇文门外大街只留个门市部，其余生产车间和管理部门都迁至新址工作。

新的王麻子剪刀厂与历史上王麻子剪刀铺相比，它不仅是职工从业人数的剧增，从最早时的一二人的连家铺，发展至后来的六七百职工。更重要的是工厂经过几次重大技术改革，过去很多工艺只凭手工、体力操作的，改为机器化和半机器化，产品和质量都有很大提高。

1979年，"王麻子剪刀"被轻工业部评为优质产品，1980年荣获国家银质奖。产品和规格都有所增加，年产量超过300万把。销路已过了长江，全国各地都有代销点，而且远销日本、东南亚各国，在东南亚还是畅销品。

后世"王麻子"产品达130多个品种，400余个规格。主营剪刀、菜刀、铁锅等厨具系列，修脚刀、美容包等系列产品。

阅读链接

王麻子牌剪刀是闻名全国的老字号商标。1956年12月7日，毛泽东主席在《加快手工业的社会主义改造》一文中强调指出："王麻子的刀剪一万年也不要搞掉，要永远保存下去。"

王麻子产品采用传统工艺及新技术生产的"王麻子"牌产品，以钢质优良，刃口锋利著名，经久耐用而驰名中外。2011年，王麻子刀剪被中华老字号博览会评为"最受欢迎的中华老字号品牌奖"；同年又被北京市旅游发展委员会评为"游客心中北京十大必购旅游商品"。

散布全国的亨得利钟表店

■ 亨得利本钟

中华老字号的全国钟表业元老之一"亨得利"，在我国人心目中是钟表的代名词。"亨得利"前身为浙江定海人王光祖的宁波"二妙春"钟表行。

王光祖原是个裁缝，在家乡定海开了个小裁缝铺度日。后来，由于生意不佳，离开家乡跑到外面闯荡，在大运河、长江的一些码头做裁缝活。

一个偶然机会，王光祖在上海给一家洋行里的人做

■ 亨得利钟表店售
卖的怀表

衣裳，洋行里的人要他为洋行做广告。王光祖为了多赚钱，就在衣服前后身上挂一块有"大罗马"瑞士表图形的白布，替洋行做广告。后来他认为替人家做广告宣传，不如自己做买卖赚钱，就跑码头做起了行商的生意。

王光祖跑行商买卖很赚钱，攒了一些钱后，他就萌发了开个店铺的打算。1874年，他在宁波开设钟表修理店并手工制造插屏，既有销售又有修理。1890年前后，另创亨得利钟表行于宁波双街，并在南京、杭州设立分行。

王光祖为了联系业务，还在上海派人坐驻。起初在江苏镇江，后到南京经营"二妙春""大西洋"钟表店。1915年，王光祖及其岳父应启霖和徒工庄鸿奎3人集资，在商业繁茂的镇江创办第一家亨得利钟表

插屏 几案上的一种摆设，于镜框中插入图画或大理石、彩绘瓷版等，下有座架。插屏一般都是独扇，形体大小各异。由于插屏上的山水、风景都具有由近及远、层次分明的特点，虽置于室内，却能起到开阔视野、消除疲劳的效果，给人一种舒畅的感觉。

■ 亨得利钟表店售
卖瑞士铜钟

眼镜商店，王光祖任经理。取"亨得利"之名，寓"万事亨通得利""生意亨通，利市百倍"之意。

当时镇江是长江、大运河的重要码头，来往船只多，街上各种店铺交错栉比。王光祖他们开设的亨得利钟表商店，又是个卖洋货的，所以，一开业就很兴隆，年年赢利。

1918年，是"亨得利"起步和发展之时，是年由上海亨得利总部委派王光祖之子王行龙和雇员蒋永贵到天津筹备创办天津亨得利，当时由蒋永贵任经理并注册。

之后，亨得利又集资6900银元，派郑章斐到济南筹设分号。郑章斐到济南后，在城里商埠当时的交通要道凤翔街口设立了济南亨得利钟表店，于1918年3月16日正式开张营业。

由于王光祖经营有方，业务很快顺利发展，先后相继开张的有上海、北京、天津、南京、沈阳、郑州等大城市亨得利钟表眼镜商店，全国共设立有60多家商号。其中仅北京就有3家。

1927年，由王光祖毕业于南京华中公学，后又在上海亨得利当过三年学徒的三子王惠椿任北京3家商号的经理。北京"三亨"的职工大部分是浙江和定海

西单 北京西城一个以商业为主的街区，得名来源于一座牌楼，牌楼题名"瞻云"。在东城也有一个牌楼，题名"就日"。因为都是单座牌楼，且东西相对，因此俗称为西单牌楼和东单牌楼，简称西单和东单。

的老乡，少数是北京人。

位于北京前门外大栅栏的亨得利钟表店因地处南城，又称"南亨"。南亨钟表店建筑颇具西洋风格，楼前悬有高大的霓虹灯标"亨得利"，柜台全部采用进口钢化玻璃，在当时实属时髦。

王惠椿精通业务，开业还不到3年，盈利甚多，于是，又在王府井大街开办了分店，简称"东亨"；继而在王府井大街开办了惠龙钟表店。后来，又在西单北大街开办了"西亨"。这就是当时北京的"四大钟表店"。

1928年，亨得利在上海南京东路找到店面，成立亨得利钟表总公司，业务蒸蒸日上，到抗战前夕已拥有包括香港在内的本地联营合资的群体84家连锁店。

1932年后，由于店铺所在地日租界局势不稳，业务下降，后来，亨得利又在法租界天增里开设分行，简称"法亨"。上海亨得利总部又委派韩文辉到江西南昌选址，在当时商业繁华地段中正路南端开设了南昌亨得利钟表眼镜公司，经营钟表、眼镜、钢笔、唱机、银器和钟表修理，主要货源都是上海总行调拨，总行管理委员会

大栅栏 是北京前门外一条著名的商业街。现也泛指大栅栏街及廊房头条、粮食店街、煤市街在内的一个地片。大栅栏地处古老北京中心地段，是南中轴线的一个重要组成部分，位于天安门广场以南，前门大街西侧，从东口至西口全长275米。自1420年明朝永乐十八年以来，经过500多年的沿革，逐渐发展成为店铺林立的商业街了。在大栅栏分布着11个行业的36家商店。

■ 老式钟表

订有一整套较健全的管理制度，全国各地的分号都受总行的严格控制。

在多年的经营管理实践中，亨得利钟表店积累了自己的一套经营之道：

一是店规严。要求店员从学徒开始，就得讲和气、懂礼节、站姿端正、注意仪表举止，冬穿长袍马褂，夏穿长衫。

二是用人严。招收徒工进店时，要有两人担保，并需经过三个月严格考察后择优选用。学徒期间，必须学会收货、卖货、算账和辨认商品产地、规格、性能、质量以及使用常识等，还要学会修理技术，特别是要学会接待各种不同的顾客，讲究和气生财，想方设法把生意做成。

三是重信誉。凡出售的商品，均印有"亨得利"的商标。在商品出售前，都要经过仔细检查，如落地钟、座挂钟，要试走三天三夜，天天核对，如果发现毛病必须修好后再售。

四是修理技术精湛。多年来形成一支较高水平的修理队伍，他们精工细作、

马褂 我国传统男性服饰名。立领、对襟、平袖端、身长至腰，前襟缀扣襻五枚。马褂原为清代满族人骑马时穿的服装，故名。后逐渐成为日常穿用的便服，至民国时期又升格为礼服，统用黑色面料，织暗花纹，不作彩色织绣图案。

■ 亨得利售卖的镀金空气座钟

一丝不苟，对修过的钟表都要经过反复检测，所需的零件尽可能采用原件，实在配不到就精工车制。凡属于一些高难度的粘尖、补齿和钟表的各种"疑难杂症"，拿到"亨得利"修理的，一般都能得到解决。

为了扩大宣传，亨得利钟表店还曾把带有"亨得利"字样的落地钟、座挂钟无偿赠送给庆乐、长安等戏院，悬置在剧场休息厅，以提高该钟表店的知名度。

亨得利众多联合企业通过广告扩大影响，各商店发售或修理的钟表实行联保联修，又兼商品款式新颖，价钱便宜，在很大程度上吸引了顾客。

■亨得利老钟表

阅读链接

由于亨得利钟表店维修设备齐全，其他表店修不了的表，到了这些专修店都能及时修好，他们精湛的修理技术，认真负责的作风，赢得了广大消费者的信赖。

曾有一位外国留学生的一只音乐报时石英表坏了，跑了几家表店都说修不了，他来到亨得利，经检查修理后排除了故障。于是，这位留学生非常受感动，连声说："我佩服你们精湛的修表技术和诚恳为他人服务的精神，回国后我为你们宣传，愿中国亨得利的声誉传遍世界。"

杭州雅扇总汇王星记扇庄

　　我国历来被誉为制扇王国。我国扇文化有着深厚的文化底蕴，是民族文化的一个组成部分，它与竹文化、佛教文化有着密切关系。

　　扇子主要材料是：竹、木、纸、象牙、玳瑁、翡翠、飞禽翎毛、

■ 王星记扇庄

■ 王星记扇子

其他棕榈叶、槟榔叶、麦秆、蒲草等也能编制成各种千姿百态的日用工艺扇。造型优美，构造精制，再经能工巧匠精心镂、雕、烫、钻或名人挥毫题诗作画，使扇子艺术身价倍增。

杭州历来是全国的制扇中心，杭扇在扇文化中占有重要一席。杭扇历史悠久，花式新颖，根据历史记载，杭扇在北宋时已闻名，发展于南宋。当时宋王朝迁都临安杭州后，制扇工艺便发达起来，扇子也就成为点缀南宋新都繁华的一项重要行业。

南宋时期，名士艺人，能工巧匠云集，城内有一公里多长的扇子巷，便是当年制扇作坊和店铺集中之地。从那时起，杭州扇子与杭州丝绸、龙井茶齐名，号称"杭州三绝"。到了清代中期，杭州经营纸扇者总计有50多家，工人之数达四五千人。

素有"扇子总汇"之称的杭州王星记扇庄，由制扇名匠王星斋创建于1875年。王星斋祖籍绍兴，世代居于杭州，祖辈从事制扇业，他自幼学艺，20多岁时

龙井茶 我国十大名茶之首，产于浙江杭州西湖一带，已有1200余年历史。龙井茶色泽翠绿，香气浓郁，甘醇爽口，形如雀舌，有"色绿、香郁、味甘、形美"四绝的特点。龙井茶具有保健和医疗功效，如利尿、强心解痉、抑制动脉硬化、抗菌抑菌、减肥、防龋齿、抑制癌细胞、抗氧化等。

王星记檀香扇

已成为制扇名匠。

王星斋使用"三星"商标刻苦经营，与妻陈英创制了洒金、泥金、贴花黑纸扇，工艺精湛，花色时新，因"精工出细货，料好夺天工"成为进献皇室贡品，来订货者络绎不绝。从此，杭州黑纸扇又称"贡扇"。

1901年，王星记在北京市杨梅竹斜街设分店批发。1909年王星斋病故，由陈英和其子王子清继承事业。

1929年，杭州王星记黑纸扇获得西湖博览会的金奖，传扬京城，从而杭州王星记扇庄的扇子成为杭扇的代表。之后，在意大利米兰、巴拿马和西湖万国博览会上屡次得奖，美名远扬。

王星记在选材、做工、品种等方面苦下工夫，品种繁多。有"一把扇子半把伞"之称的黑纸扇，清香四溢、且扇存香存的檀香扇，高雅端庄的白纸扇，隽秀美丽的细绢扇，气度非凡的挂扇，婀娜多姿的绸舞扇，价廉物美的香木扇。另外还有羽毛扇、宫团扇、戏剧扇等共十五大类，几千种花色，最大达3.3尺，最小的只有3寸。

其中以"三星牌"黑纸扇最为有名。它的扇面采用临安于潜桑皮纸，诸暨柿漆，福建建煤，经过大小86道工序精制而成。称为闯"三关"：不怕雨淋，不怕日晒，不怕褪色。要把它放在烈日下晒，冷水中泡，沸水中煮，各经10多个小时，取出晾干，不折不裂，平整如初，仍是一把好扇。这种扇子，既可拂暑取凉，又可遮阳挡雨，因而有"一把扇子半把雨伞"的美称。在首届中国工艺美术百花奖评选中获得了银杯奖。

檀香扇的扇面和扇骨都用印度产檀香木为原料制作而成，树龄需要数十年以上，木质细腻、坚硬，木质中含有天然的芳香油，香味纯正、淡雅，制成扇子，有"扇在香存"之誉，一把檀香扇保存数十年之后，依然香味幽雅。

檀香扇为手工工艺品，主要操作工艺为拉花、烫花、雕刻。用钢丝锯在薄薄的扇片上，用手工拉出数百个大小不一、形状各异的上万个小孔，组成千变万化、虚实相宜的多种精美图案、独特的加工工艺，使檀香扇更加精细、高雅，是王星记的又一重要产品。

扇面书画，是我国独特的艺术形式。扇子，既是日用品，又是工艺品。一把普通的扇子，一经名人书画点染，便身价百倍，雅趣横生，使人爱不释手。浙江的扇面艺术非常发达，历代一些著名的书画家都为扇面艺术挥洒翰墨，留下不少不朽之作。

王星记扇的扇面装饰，内容丰富多彩，手法多样，他们经常请艺坛名家题诗作画，同时该厂的数十名书画艺人，以古今扇面书画艺术的研究颇多，手法娴熟，技艺精湛，无论神话故事、人物形态、名胜风光、峰峦叠石、曲溪流水、村舍楼阁、名花异草、瑞鸟珍禽都能入画；从书法来说，正、草、隶、篆，样样俱全。

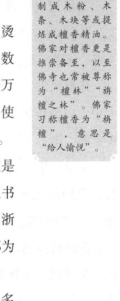

檀香 素有"香料之王""绿色黄金"的美誉。它取自檀香树木质心材或其树脂，愈近树心与根部的材质愈好。常制成木粉、木条、木块等或提炼成檀香精油。佛家对檀香更是推崇备至，以至佛寺也常被尊称为"檀林""旃檀之林"。佛家习称檀香为"栴檀"，意思是"给人愉悦"。

■ 王星记檀香扇

王星记老艺人朱念慈，从20世纪50年代开始用真金书写扇画，是我国微书纸扇创始人。他先后在扇面上书写出《千字文》《金刚经》《西湖诗词》《唐诗三百首》，还创作了《唐诗万字扇》等。尤其是微雕小楷《唐诗三百首》真金全棕黑纸扇，曾轰动1982年的世博会。

王星记扇厂青年艺人金岗，竟在一把纸扇上书写下"四书"全文，共57430个字，成为世界字体最小，字数最多的一把纸扇。他们把文美、字美、扇美，巧融为一体，使之成为扇中之扇。

几度风雨，杭州王星记走过了一百多个春秋，在继承、发扬和壮大中，以她传统的工艺、丰富的种类、优质的品牌，构成了一个绚丽多彩的"扇子王国"，成为全国唯一一家综合性老字号扇子厂家。

王星记扇子屡获全国工艺美术百花奖银杯奖、金杯奖、创作设计奖、全国优质产品奖、西博会金银奖、省旅游产品设计大赛金银奖等，一个个殊荣，接踵而来，更激励一代制扇人重任在扇。

在新时代的经济浪潮中，年轻的扇厂人将抓住机遇、开拓奋进，创立新机制、新体制、新品种，让王星记扇子这颗"艺苑明珠"在艺术的王国中，为发扬传统的工艺美术事业永放异彩！

阅读链接

我国扇文化起源于远古时代，我们的祖先在烈日炎炎的夏季，随手猎取植物叶或禽羽，进行简单加工，用以障日引风，故扇子有"障日"之称，这便是扇子的初源。

我国扇文化有着深厚的文化底蕴，是民族文化的一个组成部分，而杭州"雅扇"历史悠久，自古以来闻名遐迩。杭州王星记扇庄以她精湛的工艺、迥异的功能、高雅的情趣使之与浙江的丝绸、龙井的茶叶相提并论，并被誉为"杭产三绝"而名扬天下。